所有教師都應該知道的事
學習者的個別差異

What Every Teacher Should Know About
Diverse Learners

Donna Walker Tileston　著

高麗鳳　譯

DONNA WALKER TILESTON

What Every Teacher
Should Know About

Diverse Learners

目　錄

Contents

Donna Walker Tileston

　　Donna Walker Tileston 博士是一位擁有 27 年豐富經驗的教師，也是一家在全美國與加拿大為學校提供服務的策略性教學與學習（Strategic Teaching and Learning）諮詢公司的總裁。她著作等身，主要著作包括：《與眾不同的教學策略——面對障礙》（*Strategies for Teaching Differently: On the Block or Not*）（Corwin Press, 1998）、《突破障礙的革新策略》（*Innovative Strategies of the Block Schedule*）（Bureau of Education and Research [BER], 1999），以及從一出版就名列 Corwin 暢銷排行榜的《十個最佳的教學策略——大腦研究、學習型態與標準如何界定教學能力》（*Ten Best Teaching Practices: How Brain Research, Learning Styles, and Standards Define Teaching Competencies*）（Corwin Press, 2000）。

　　Tileston 博士在北德州大學（University of North Texas）獲得學士學位，在東德州州立大學（East Texas State University）獲得碩士學位，在德州 A & M 商業大學（Texas A & M University-Commerce）獲得教育博士學位。讀者可以在www.strategicteachinglearning.com 網站，或者透過 dwtileston@yahoo.com 信箱以 e-mail 跟她取得聯繫。

譯者簡介　高麗鳳

學歷： 臺北市立教育大學教育系博士

臺北市立師範學院國民教育研究所碩士

現職： 臺北市國小候用校長

臺北市指南國小教師支援台北市政府教育局

序言

　　1954 年聯邦最高法院決議在堪薩斯州（Kansas）首府托皮卡
（Topeka）的學校教育董事會中，製造參與公共教育的均等機會。每
十年我們已經提升美國就學人口的比例，包括：多元的社會文化及孩
子的經濟背景分析，及提供多樣化教育計畫。但是這些學習成就遠不
符合一般學校體制的願景，即是為所有的孩子提供在學校成功的均等
機會。

　　——M. C. Wang and J. A. Kovach, *Bridging the Achievement Gap in
Urban Schools*

　　當都市的經濟、資源和富裕移入郊區後，在很多寬廣都市的鬧區
留下沒有能力離開的窮人，及殘破不堪與亂塗鴉的建築物。儘管我們
盡最大的努力，援助經濟發展與增加匱乏適當的資源，我們所擁有的
教育制度卻不能提供妥善的均等機會。教師成群結隊地離開都會區學
校，不是進入另一個不同的領域，就是跟隨資源移到郊區學校。當
然，我們的社會評估學校及其人員的成效，常常以單一的測驗分數為
依據。至於其他的因素，例如：退學率、就學率及學生選擇進修課程
的百分比，對於教導來自少數種族及語言背景的都會區學生，一直存
在著不同種族及語言的複雜問題，但是導致問題的因素常常不被考慮。

　　本書，我們將檢查如何改善這些問題，及檢視一些有利於縮小且
彌補這些未成年學生學習成就差距的最佳研究。然而，許多都會區學
校的解決辦法取決於來自全州及地方社團的資源整合情況，包括：健
康和口腔護理、家庭援助及社區領導人決策過程中的合作，本書聚焦

在課堂教師有能力去協助確保這些學生達到高效能的學習。

　　大腦研究提供我們洞察新方法來協助這些學生。例如，我們現今知道，當我們利用視覺和動覺方法取代傳統課堂上口語的教導，鬧區的學生可以學習得更好（Payne, 2001）。這些學習英語的學生可能沒有具備處理大量語言必備的技能。藉由增加視覺工具編入課程，及提供多種教學策略，我們可以使這些學生達到前所未有的水準。

　　本書的字彙摘要包含的項目通常會與都會區學習者的工作相聯結。表1提供本書的字彙清單，同時提供空格讓學習者填入該字的定義。閱讀本書之後，返回檢查你自己最初的答案，檢查看看是否改變心意而更改定義。

　　另外，我提供一項前測來協助你鑑定自己在本書所得的字彙知識。在本書末有後測及答案讓你可以自我評量。

表1 學習者的個別差異字彙表

字彙	你的定義	你修正後的定義
高風險學生 （At-risk students）		
偏見（Bias）		
教室氣氛 （Classroom climate）		
直接教學 （Direct instruction）		
差異性（Diversity）		
英語學習者 （English language learners）		
種族（Ethnicity）		
種族優越感（Ethnocentrism）		
特殊性（Exceptionality）		
異質編組 （Heterogeneous grouping）		
社會潛藏規則 （Hidden rules of society）		
假想觀眾 （Imaginary audience）		
內在動機（Intrinsic motivation）		
學習無助 （Learned helplessness）		
學習環境 （Learning environment）		
控制信念（Locus of control）		
熔爐理論（Melting-pot theory）		
少數族裔（Minority group）		

（續）

字彙	你的定義	你修正後的定義
形式（Modality）		
動機（Motivation）		
多元文化教育 （Multicultural education）		
非鑑別力測驗 （Nondiscriminatory testing）		
個人神話（Personal fable）		
自我概念（Self-concept）		
自我效能（Self-efficacy）		
自尊（Self-esteem）		
自我實現的預言 （Self-fulfilling prophecy）		
社經地位 （Socioeconomic status）		
自我對話（Self-talk）		
心聲（Voices）		

譯者序

　　學生的個別差異是所有教育現場的共同現象，也是教師需要關注的議題。本書是從美國的現代社會文明發展來察看，所有社會現象影響著教育情境，是否會傳播轉移是值得關切的。臺灣的教育現場也陸續出現如同美國教育情境上的現象，這不是歷史現象的轉移，而是相似社會現象的複製衍生。

　　《所有教師都應該知道的事——學習者的個別差異》是身為教師或者將為教師應該具備的專業知能之一，本書提供教師在工作上的最佳指引。譯者之所以接受心理出版社之邀約，進行此書的翻譯工作，最重要原因是著眼於了解學生個別差異將有利於教師教學上的助益，並為此書內容的前瞻性、效益性與涵蓋性所吸引，原作者對教育社會狀況發展與教育現場的觀察鉅細靡遺，並提出具體肯切的建議及方法提供教育工作者明確的指引，是令人讚賞的優點。

　　本書的文筆流暢、字句深入淺出，內容豐富、體例完備，對於初任教師而言，可作為系統性教學與班級經營的指引藍圖。本書最重要特色是作者為了讓讀者熟識本書提列的專有名詞，在正文之前編排了字彙清單讓讀者填入該字的定義，閱讀此書後，再返回檢查自己最初的答案，查看自己是否改變心意而更改字彙的定義。其後又編排了字彙前測，讓讀者檢驗自己在此書所習得的字彙知識；本書的最後再加編列字彙後測，提供讀者作自我評鑑測驗。這種編排提供讀者作自我評量與復習統整是國內教育教科書所少見的，也是值得參考學習的。全書共計六章，各章節的主題如下：

　　第一章「影響力」：以回顧 1950 年代至 1990 年代的社會變遷，

如何影響教育現場氛圍。

第二章「我們是如何的不同？」：列舉學生中個別差異的形態。

第三章「認清偏見的符號」：列出教師在課堂上必須避開語言偏見、刻板印象、排斥、虛幻、選擇性及隔離等六種偏見。

第四章「彌補成就落差之途徑」：提供彌補學生成就落差的方法與途徑。

第五章「哪一種教學及學習策略在彌補落差中做出最大的差異？」：提出彌補學生學習落差的教學與學習策略，並探討各策略中的差異性及有效性。

第六章「工作上的差異——教師的檢核表」：閱讀本書篇章後，作者為了讓教師真正掌握學生個別差異，特別編製檢核表作為檢查差異性的工具。

翻譯的工作對譯者而言是一項嶄新艱巨的挑戰，在過程中，讓譯者感佩原作者剖析美國社會脈絡的熟稔與精要，及治學態度之嚴謹認真，譯者希望在避免疏漏與曲解原作者內容之同時，也能呼應臺灣的教育現況，以提供讀者國際視野又能兼顧本土現況的內容。本書的出版除了要對原作者的創作表達敬意之外，更要對吳清山恩師及心理出版社同仁表達感謝之意。限於譯者的經驗與能力，本書不免有疏漏之處，敬祈讀者們能夠不吝指正，作為未來再版修正之參考。

高麗鳳　敬上

字 彙 前 測

說明：閱讀完題目後請選出答案，正確答案可能不只一個。

1. 一個團體優於其他團體的信念，稱為……

 A. 熔爐理論

 B. 種族優越感

 C. 特殊性

 D. 差異性

2. Diane Madden 是東方中學的教師，她教八年級的美國歷史。在學校開學之前，Diane Madden 與七年級的教師討論，詢問他們如何提升學生達到 A 等級，以及哪些學生在這個年段的課堂中不曾努力學習等相關意見。Diane Madden 的行動最有可能的關聯是……

 A. 種族優越感

 B. 熔爐理論

 C. 特殊性

 D. 自我實現的預言能力

3. 來自世代貧窮的學生通常是……

 A. 聽覺型學習者

 B. 視覺型學習者

 C. 動覺型學習者

 D. 陳述型學習者

4. 學生認為他們在學校運氣不好，導因於來自貧窮家庭……

 A. 差異性

 B. 控制信念

C. 自我效能

D. 自尊

5. 學生認為他們能成功是因為他們複製過去成功的經驗，落實了……

A. 聽覺形式

B. 控制信念

C. 自我效能

D. 外在動機

6. 告訴學生努力就會得到獎勵的教師，是使用……

A. 控制信念

B. 內在動機

C. 自我實現的預言能力

D. 外在動機

7. Marci 是南方高中的學生，曾經和她的朋友一起吸毒。雖然她曾被告知毒品會成癮，並可能導致危害身心的行為，但是 Marci 認為她不會那麼倒霉。Marci 正實現的是……

A. 假想觀眾

B. 控制信念

C. 個人神話

D. 自我實現的預言能力

8. 一直生活在高壓力情境下的學生，時常經歷……

A. 假想觀眾

B. 自我實現的預言能力

C. 特殊性

D. 學習無助

9. 教師針對不同的種族進行不同形式教學，是實施……

A. 脈絡化

B. 種族優越感

C. 多元論

D. 間接教學

10. 英語學習者（ELLs）……

A. 被認為是低社經地位

B. 除了英語，說另一種語言作為主要的語言

C. 在班上經常是害羞的

D. 有低落的內在學習動機

11. Raul 在摩爾中學的 Vasquez 老師數學課學習。Raul 因為不能掌握一些數學概念，正全力以赴的學習。Vasquez 老師已經增加圖表來協助像 Raul 這種學生能更成功的學習。Raul 可能是哪一種學習者？

A. 動覺型

B. 視覺型

C. 聽覺型

D. 雙重技巧

12. 下列哪一項通常拿來判別高風險學生？

A. 低社經地位

B. 英語初學者身分

C. 先前的失敗者

D. 種族

13. Marty 星期五到學校時，頭髮做了紅色的挑染（就像他兩位最好的朋友）。Marty 表現出……

A. 個人神話

B. 自我效能

　　　　C. 假想觀眾

　　　　D. 自我實現的預言能力

14. 當學生達成我們期望，稱為……

　　　　A. 假想觀眾

　　　　B. 自我實現的預言能力

　　　　C. 自我效能

　　　　D. 個人神話

15. 大部分在教室的學生是哪一種類型的學習者？

　　　　A. 聽覺型

　　　　B. 視覺型

　　　　C. 動覺型

　　　　D. 內在型

16. 個別差異的意義是……

　　　　A. 差異

　　　　B. 種族

　　　　C. 特殊性

　　　　D. 偏見

17. 遷至這個國家的人們，其信仰應該和我們相似，這是所謂的……

　　　　A. 特殊性

　　　　B. 種族優越感

　　　　C. 多元文化

　　　　D. 熔爐理論

18. 內在動機是藉由什麼激發……

　　　　A. 關聯性

　　　　B. 標籤

C. 情感

D. 人際關係

19. Kelvin Waters 在完成任務上有困難，哪一個主題的研究對他最有幫助？

A. 後設認知系統

B. 自我系統

C. 認知系統

D. 程序系統

20. 下列何者是教室氣氛的一部分？

A. 教室內的照明

B. 教室內緊張狀況

C. 班級氛圍方式

D. 學生的社經地位

影響力

教師從不知道何時何地可以終止對學生永遠的影響力。

——匿名者

　　對於激動的新任教師到校的第一天，這是一個老生常談的故事。因為她到教室準備好第一天的教學活動時，她想像課堂上是一群渴望學習的學生。然而，當一天工作結束時，她抱怨學校安排不適當的學生給她，因為那些學生並非全部渴望學習，他們不是全部願意學習，同時，也並非全部都準備要學習。

　　過去，我的前任主管常說：「家長將他們最好的送給我們。」我們不能對學生家庭背景有所控制，但我們也無法很有把握控制學生能夠克服逆境達到成功。我們所能掌握的是一週五天，每天八個小時的教導他們。在這段時間內，我們可以提供學生希望、夢想及傳授他們生活上有意義的工具。然而，我們確實影響學生的一生！

　　個別差異係指個體差異不同。當今的學習者在很多方面顯然不同，例如：種族、種族劃分、社會經濟的地位、性別、學習形式、認

知發展、社會發展及和他們接受此訊息及彌補的比率。

　　課堂上的每位學生在某些方面是獨一無二的。一位成功的教師認知到個別差異可能影響學習，因此，有關課堂的個別差異工作是被重視的。在這樣的教室中，察覺到努力協助學生去認識並尊重個別差異是一種社區的意識。在本書中，我們將看到我們如何教導這些學生，身為教師的我們，要確定在課堂中讓學生有均等的成功機會。

回到未來

　　今天，要了解學生，首先要去觀察學生最近的表現，及了解世界上一些足以左右學校教育的主要影響力。這項活動提供我們了解某些事情為什麼現今試著不處理，同時，了解我們為什麼不能用曾在同性質課堂所使用過的相同技巧來教導這些生活在聲光十色時代的孩子。

1950 年代

　　如果你是 1950 年代的一名教師，大多數學生可能來自傳統價值的家庭。「母親留在家裡並且管理家事和照料孩子。家庭的價值透過教會、學校和組織而增強」（Stratton, 1995）。你的校舍或許看起來類似那個時代的工廠，並且工廠模式當然會影響學校經營的模式。Jensen（1998）說明這項理念是「我們能將每個人帶至單一的地方，並且提供一項標準化『傳送帶』課程。」如果學生的作品都很像，學習得很相似，那就沒有特別的需要。

　　你曾經看過舊版「我愛露西」（*I Love Lucy*）連續劇嗎？其中 Lucy 和 Ethel 在一家糖果工廠工作。那劇情內容非常類似於學習工廠模式，而這模式為什麼正好不運作，正如 Lucy 和 Ethel 不能隨著輸送帶改變速度而跟上學習的步伐一樣，很多學生因不同的需要和時間受

限，致使學習不能持續。1950 年代，整體退學率在 30% 左右。因為當時大約 30%的工作適合不需技術的勞工，所以勞動市場欣然接受這批退學學生。

1950 年代受到重大事件的影響也是主要課程改革的時間。某些事件改變了想法也永遠改變了教育。Stratton（1995）列出過去對學生主要的影響，利用這份清單，讓我們檢視從 1950 年代以來的一些影響。

電視。電視在 1950 年代進入美國人的家庭，電視所引進介紹的範圍比鄰近區域性對思想控制大得更多。學生的偶像從非常傳統走到搖滾樂（Rock-and-Roll）的新時代偶像。直到 2001 年 9 月 11 日事件，一架飛機飛行撞擊紐約的雙子星大廈（Twin Towers）和五角大廈（Pentagon），英雄成為媒體偶像的趨勢，911 事件及其後來的放射性墜塵事件使 1950 年代前期的英雄崇拜，例如：消防人員、警官和超級英雄，再度成為受歡迎的偶像。

學校董事會。1954 年學校董事會事例改變法庭的慣例，也改變我們察看個別對抗均等。直到上述標的案例送進聯邦最高法院，只要他們提供雙方對等競賽，法院視為教育、公廁、飲水機個別案例——生活的普遍形式——均等的。最高法院裁定個案是不均等並以隔離終結為一項法案。我說「視為一項法案」，畢竟這些年我們正觀察到今日隔離政策的復活，那是因為貧窮存在我們的都市中。

有趣的是我們注意到，當我們離開個別的生活方式很久之後，我們會再繞回到原處，就像 1950 年代都會區隔離的一種生活模式。Wang 和 Kovach（1996）寫著：「因為那些有能力的人搬出高度犯罪率、糟糕的空氣品質及衰退中的街道，而產生都市向郊區擴張的現象。」留在鬧區的那些人是因為經濟問題或其他原因而不能離開。鬧區學生

經常被送到過時的高技術破舊大樓。這些學校經常提供較差的新資源，較現代化的學校每年卻建立在市郊區和在都市周邊的更小社區中。Wang 和 Kovach（1996）稱這種是「居住的隔離」。他們接著說：「資源、工作及人們從都市中心到郊區的移動已經給孩子、家庭及制度建立一種敵對的環境。」

Bartelt（1994）的一項研究注意到微觀社會學的力量及在整個國家的 53 個主要都市的宏觀環境中教育成就之間的關係。此項研究總結出：「市中心學校日漸成為剩餘人口的學校，同時，社區受限於經濟不恰當的關聯，導致勞動市場的萎縮。」因為留在鬧區的那些人最初主要是少數民族團體，我們似乎要返回支持學校董事會的公平議題；不只是建築物及資源的公平問題，同時在教育機會和結果是同等重要的。Williams（1996）說：「都會區學生的成就反映出歷史、社會及經濟上的情況，例如：工業從都市遷移到市郊區，後工業服務經濟的過渡期，種族隔離的歷史，及一個大規模移民的新浪潮。」

人造衛星太空探索計畫（The Sputnik Space Exploration Program）。當俄羅斯發射第一座太空探索船（稱為人造衛星）美國迅速反映出對科學和數學研究的重新關注。這項恐懼是反映出美國的青年在科學及數學這兩個重要學科表現上顯得落後，同時，俄羅斯竟然更擊敗美國將人類送上月球。因而在這十年間美國的課程歷經重要的審視及改革——在許多改革中的其中一項是關注到制度中的弱勢族群。

麥卡錫聽證會（The McCarthy Hearings）。參議員 Joseph McCarthy 在聽證會上用恐懼走到台前，以煽動語氣告訴大家共產黨員可能住在隔壁，其問題是「敵人就在我們當中嗎？」那種感覺將重複出現在本世紀中，讓美國人再次感到傷害。

1960 年代

1960 年代是個混亂的時代：

> 道德的相對主義和矛盾是 1960 年代的時代精神。儘管實際參與示威或者暴動少於 20% 的美國人，但這十年比以前更混亂。家庭和社區、工作和團隊倫理、尊重權威、披頭四合唱團的狂熱、伍德斯托克（Woodstock）音樂會、祈禱文及占星術逐漸凋零，我們在電視上看到的現象是撕破的牛仔褲、男人留長髮、自由性愛、非暴力主義和毒品。同時，那是事實放大的媒介。（Stratton, 1995）

一些事件形塑了 1960 年代的社會現象，同時影響學校及每天生活的各個層面，說明如下。

越戰（The Vietnam War）。越戰對美國年輕人有重大的影響。因越戰引來抗議並有些人逃到加拿大以逃避徵召入伍。美國也因歷史上第一次敗戰，國家因戰而分裂。

暗殺（Assassinations）。經由電視媒體，美國人看到他們的英雄人物甘迺迪和馬丁路德被槍擊倒地。電視和其他媒體被指責延長報導時間，使得我們的青年對犯罪行為及暴力行為失去敏感度，Sweeny（引自 Stratton, 1995）說：「無可置疑的是嚴重暴露在電視暴力中，是社會上產生侵略性行為、犯罪行為及暴力行為的一種導因。」

多年來，除了電視變成與日俱增的暴力行為的事實以外，電視也遏止了家庭時間、運動及其他消遣，例如閱讀。

性愛革命（The Sexual Revolution）。新興的性愛自由促使純真貞潔的消失。

行為的理論（Behavioral Theory）。根據 Jensen（1998），在這個時期，人類行為的支配理論是受心理學家 John Watson 及 B. F. Skinner 的影響。他們的行為學家理論像是：「我們可能不知道在大腦內部變化發生什麼，但是我們卻能看見外界發生什麼事件，讓我們測量行為及學習用行為增強來修改他們。我們喜歡的一種行為，獎賞它；如果我們不喜歡此行為，則處罰它。」

我們今天知道複雜的大腦，有它自己的回饋系統集中在下視丘。這個系統讓我們享受一種行為，例如成就，並且讓我們想要再做一次（Nakamura，引自 Jensen, 1998）。我們知道自我勝任感（self-efficacy）是重要的動機和堅持完成工作的動力，即使當事情尚未正常進行的時候，自我勝任感根據過去正向學習的經驗，成功確實地造就成功，因此要提供成功的機會給學生，去體驗成功及經常產生回饋。

1970 年代

能源危機、通貨膨脹和越戰的損失是影響 1970 年代風格的要素。有一些政治餘波如下所示。

離婚（Divorce）。離婚在 1970 年代變得更為接受，並且用離婚來破壞家庭結構及其生活方式。美國學校行政管理協會（The American Association of School Administrators）在督學的年度意見調查中，發現學生中的十項重大的改變（Stratton, 1995），與學生利益的最大關鍵來自於功能失調家庭。

來自功能失調家庭的孩子可能遭受身體、情感上虐待。虐待後出現一些的症狀包括：退縮和沮喪、冷漠、順從、憤世嫉俗、侵犯行為、曠課逃學、貧窮階級、毒品和酗酒，及其他負面的行為。

學生要建立他們的適應力來克服他們所面對的環境，漸漸成為教

育工作者重要的任務。貝勒醫學院（Baylor College of Medicine）的
Bruce Perry 博士（1995）說：

> 很多孩子成長在他們無法控制的暴力、虐待的環境裡。提供
> 矯治的方法是讓孩子有一種自尊的感覺，並且教他們不要失望。
> 如果有人讓你感到自己是特別和重要的，你就能用你的世界觀點
> 使之內在化。

別讓貧窮來限制學生並藉由所有社服團體來包容學生，是關注學
生重建適應力需求的重要議題。有時候我建議任何人都能與世代貧困
的學生合作（即是超過幾代的貧困），聯繫那些學生的最重要方法，
首先是建立一種關係。我相信這種關係的建立，是協助我們與貧困學
生合作一個關鍵點，例如：Feuerstein（1980）所說：「來自世代貧困
學生的學習，必須存著一項重要的關係。」我也已經開始了解到，他
們需要與來自富裕背景的學生合作，雖然這些學生經歷了心靈創傷、
諾言違背及家庭破產，但是他們也需要透過重要的關係來達成高度的
關懷。

1970 年代的社會現象及時代的預言被總結與收錄在當代的暢銷
書中。1979 年出版的《人類的迷惑》（*The People Puzzle*）一書中，
Morris Massey 記載：「增加教師、醫生、心理學家、顧問、社會工作
者和少年法庭官員的團體來確認家庭的主要功能以培育孩子。」他談
論到 1970 年代，但也可能涉及到未來的數十年。

平等權利修憲案（The Equal Rights Amendment）。平等權利修憲
案、湯馬斯希爾聽證會及美國面臨的變革將帶我們意謂到「識時務合
時宜」（political correctness）的時代，及理解性意識和多元文化的訓
練需要。

水門事件（Watergate）。水門事件和接著發生的醜聞打倒一位總統，並且造成人民對政府及高階官員信心的喪失。醜聞陰影蒙蔽高階主管，並且擴散影響華爾街（Wall Street）和企業的本質。這些事件在未來十年內，將會在社會中引發貧富之間更大的差距。

1980 年代

1980 年代初期，尤其對年輕人而言是個繁榮的時代。然而，政治醜聞再一次改變社會的氣氛。

經濟困難（Economic Woes）。信貸危機爆發許多泡沫經濟，緊跟著經濟的衰退期導致提高不信任和憤世嫉俗的感覺。為了應付開支，父母雙方必須進入職場工作。甚至有些身兼雙職來完成移民美國的夢想。由於這些改變，孩子經常在放學後缺乏父母的監督。鑰匙兒童（latch-key children）成為這些學生的標籤。Stratton（1995）說：

> 許多人爭論著當今在學生成長中，非常缺乏與他們的家庭、社區、甚至他們自己作連結。他們似乎感到他們被賦予成功的資格，而不是必須擁有它。當他們不成功時，會毫不在意成為社會的受害者。這種態度超出種族和性別的界線，而且更進一步呈現出我們的文化危機、道德解放的證據及一些信念。

1990 年代

媒體的改變（Media Changes）。1990 年代是以電子媒體遽增為特色，科技改變我們生活的一切，並且成為我們學生每日活動的一部分。因為預算的約束及經常不知道「買什麼」，學校在現實世界背後仍然維持得很好，因為科技提供足夠的機會。在許多方面我們正使用

1950 年代的科技來教導多元媒體的孩子。Caine 和 Caine（1997）陳述得很好：

> 仔細觀察美國青少年。讓時間倒轉來觀察剝奪青少年的電子用品。一個接一個的，我們移除電視、CD 播放器、電腦、光碟、收音機、錄音機、電唱機、電動、飛機、空調系統和自動加熱器、在大型超市購物，及獲得許多財產的機會。你認為我們的青少年能應付到什麼程度？他們的生活將有何不同？我們自己又是如何？青少年唯一的定位之一，幾乎無法反映出我們描述這種情況的差異——這種情況可能在五十多年前就發生影響，甚至發生在某些地方性的學校。

繁榮的市場（A Thriving Market）。1990 年代也是多頭市場企業的時代，其中有很多獲利。在合適的工作下可能促成房子、汽車、中古屋和奢侈品的買賣。科技可使很多年輕的企業家一夜間變成百萬富翁。當資源、工作及有辦法的人們移居郊區後，被留在鬧區是因經濟或其他因素影響受困的那些人。

維持教育的需求（The Demands on Education to Keep Up）。當立法者和企業提出越來越多的學校需求時，教育資源卻變得稀少。國家的標準和測試被作為學校正滿足學生需要的證據要求。教學的需求、缺乏資源、缺乏支援系統、缺乏公眾的鑑賞，及很多其他因素，導致非教育領域及其他領域教師的調動加入。

師資不足（Teacher Shortage）。師資不足情形開始於 1990 年代，2000 年代師資不足情形更加惡化，同時導致教育上的國家危機及我們培育良師方式的重新考量，在 21 世紀轉捩點上，師資不足的預估是一件敗筆的事。

從 1990 年代，影響教育與社會的其他因素大致如下：

- 有關性騷擾（sexual harassment）事件，在 The Clarence Thomas-Anita Hill 聽證會上改變了工作場所和學校環境。

- 在奧克拉荷馬市（Oklahoma City），Alfred P. Murrah 聯邦大廈的轟炸案是很多震撼波潮中第一個出現有關美國人的脆弱易受傷害處（vulnerability）。

- 日益增多的愛滋病受害者數量已經讓我們完全認知人類對事先無法得知的疾病脆弱易受傷害處。

- 科羅拉多州（Colorado）波爾德城（Boulder）及全國其他學校槍擊案，已經導致更新評估讓學校更安全及鑑別危險麻煩的學生之計畫需要。

 ## 為什麼要回顧過去

回顧過去讓我們了解今日教育的影響力；但是，除了這個明顯的答案之外，回顧過去更可讓我們理解過去的理念及意見。

因為可能還有時間，我已經涵蓋先前部分的訊息，當你聽到或觀察其他教師使用方法或前次比賽的推理，卻無法適合現今的學生。這些教師甚至可能試圖使你確信他們的方式是最好的，但是我要你知道為什麼這些方法通常是失敗的。例如，你可能聽說這不是教師必須改變他們的方法來配合現今的學生，而是學生自己本身必須改變來符合我們的方法。一位教師可能說「它是我的方法或捷徑」，這個理論可能適用在 1950 年代和 1960 年代早期，因當時勞工階層接受無技術的勞工。但在高科技的社會中，所有的學生則必須接受教育及接受職業的特定訓練。雖然教育原則是有教無類，又但是，學生不學習「我們的方式」而導致失敗，這種說法矇騙那些學生及社會上的有識之士。

　　幾乎每所中學的教師都相信教學的唯一方法是透過講演，教師視為知識的傳授者。然而我們從大腦研究知道，在現今的課堂上至少有87% 學生不是聽覺型的學習者（Jensen, 1998）。因此，相信講演作為教學的唯一方法已經決定僅教導課堂上那些 13% 的學生。這些教師經常有高度的挫折感，因為他們責備他們的學生缺乏學習動機。

　　你甚至可能發現有些人相信智力是出生時就決定了，並且我們教導學生也只有這麼多。事實上，我們是以高標準來到這世界準備學習的，而且後天環境與大腦是以同時並進的方式來發展具有高度能力的人類。後天環境對開發大腦是重要的，但是，這不是天生或後天培育（nature or nurture）；它是天生及後天培育的交互作用（nature and nurture）（Jensen, 1997）。

　　現今的學生與十年以前的學生不同，更何況 50 年以前。現今的學生生活在不受美國國界限制的多媒體世界。他們比過去的世代閱歷更多、更直言不諱並且需求更多，因此促使教師花費更多心思及高度動力來處理他們產生的挑戰。

　　21 世紀已經證明了本世紀巨大改變的時代。第一次面對我們境外的敵人，我們已經變得脆弱易受傷；我們已經開始捲入戰爭，經濟也已顯示出易變無常。在一段相當長的時間內，中產階級第一次遭受財務上重大變革，伴隨股市中電信工業的反轉和專業人員工作的機會流失，貧富之間懸殊似乎越來越大，導致很多城市鬧區經濟衰敗中，相對地，郊區的富豪建造的房子是越來越巨大。

　　當我們注意那些貧困的學生時，適宜去探討什麼原因導致今天的貧困。這不只是錢的問題。Payne（2001）認為貧困是「個人無法擁有資源的程度」。她更進一步把資源定義為財源、感情、智力、精神、身體、支援系統和人際關係。例如，資金包含購買必須存活的貨

物和服務的能力。支援系統意指：當我們不能為自己購買貨物和服務時，擁有支援服務的人力。人際關係則論及成年人適當的行為可塑造為學生的適當行為之模式。

作為教育工作者，我們可以達到什麼程度來幫助學生獲得這七個領域的資源？我確信我們若做得越多，我們能解決鬧區教育問題的可能性也就越大。

2

我們是如何的不同？

　　多元差異是不同、相異。在一個班級中，學生當中存著許多的差異性，更遑論在學校中學生的多元差異。在全球化社會中，一所學校裡使用 30 種語言是習以為常的，而這些學生的社經地位有很大的差異性。在第一章中，我們的學生獲得成功必須要有真本領及服務（資源）的能力，我就列舉一項重要的差別。本章節的目的是，我們要留意下列的差異：

- 學習的風格或形式的差異。
- 在社會經濟團體有關他們怎麼查看影響學校資源的差異。
- 人種／民族劃分的差異。

檢驗差異性為什麼是重要的？

　　左右班級氣氛最重要的影響力是教師，教師能建立一個秩序混亂及對他人普遍無禮的教室，或建立一個有社區意識及欣賞個別才能的教室。責任並非全部是教師的，但是大部分所發生的，是由教師帶到教室的信念和承諾作開始。

　　當我們選擇教室為教材，我們必須考慮經常出現在我們學校的差異。班級的種族性格是什麼？我們的教材及書本應該透過利用插圖、說明及連結種族的引證來反映。教材和其他資源應該訴諸兩性，教師應該確認學生是受到同樣的對待。我曾經觀察一所中學的科學課程，在課堂上教師只要求男學生回答問題。下列訊息呈現出科學是男孩的專長。在走廊上我也訪問該班級少數民族的學生。他們的態度喧鬧而有偏見。

　　與一個多元互異教室的合作過程中，最重要的步驟是教師首先檢查自己有關差異性的態度。McCune、Stephens 和 Lowe（1999）建議教師做共同的努力來避免刻板的預期：

　　　　為了迎接這項挑戰，教師可以發展良好的師生關係作為開始。教師需要了解不同文化的共同特色，當孩子用他們文化模式的行為表現時，他的行為才不會被曲解。雖然如此，教師應該與學生討論某些行為在家是可接受的，但在學校則不可接受。

　　當然，歷史已經告訴我們，如果我們要縮小都會區學校學習成就的差距，我們必須讓教師清楚認知他們自己種族及文化特性，而且傳達高度的期望給學生，同時伴隨所有學生都能成功的信念（Zeichner, 1996）。

多元互異的形式

　　Sousa（1995）把多元互異的形式定義為三種學習風格。然而學生可以在三種風格中任選一種來學習，但大多數會選擇適合他們學習的偏愛或風格。當與正遭受學習困難的學生合作時，這是特別重要的。如果我們採用不適合學生學習模式的風格來教學，並且反覆教

學，這種教學方式難以滿足學生。

　　不同學習風格和形式偏愛傾向於用各式各樣的種族及文化團體。例如，來自貧民區的學生傾向成為動手操作的學習者，這文化反映出他們的出生地及做中學習的習性。相反地，有些文化（特別是一些東方文化）的學生從聽覺中學習。另一名教師則成功的利用各式各樣資源的教學策略教導文化混合都會區學校的學生。這樣的教師不是只依賴一種教學形式或策略，而是提供多元脈絡的訊息。Zeichner（1996）說：「成功的教師聚焦在教學、指導學生來建立相互作用內容脈絡的意義、合作學習環境」，並且「提供一種鷹架連接學術挑戰及課程包含文化資源，讓學生將此文化帶進學校」。

　　社會對才智的鑑定傾向於能迅速接受訊息，能有效處理訊息及從長期記憶中挽回。Sprenger（2002）注意到接受訊息緩慢，但迅速恢復記憶的學生，通常被歸類為高成就的學生（overachievers）。迅速接受訊息但恢復記憶緩慢的學生，通常被歸類為低成就的學生（underachievers）。

　　我們適合儲存及利用訊息，訊息必須具有意義和意義化，這與我們接受訊息的方式密切相關。如果我們可以永遠縮小並且終止學習成就的障礙，我們必須注意這些學習方式，其中我們可以協助不同的文化及過去未曾成功的種族地位，善用那些系統來控制文化或種族的吸收、處理及訊息的回報。讓我們從接受訊息的方式開始：能夠迅速且有效接受訊息，試圖在他們學習形式中分為數個因素。在教室裡最常使用的三個學習形式是聽覺（auditory）、視覺（visual）、和動覺（kinesthetic）。

聽覺型學習者

最少被學生利用的學習形式是聽覺，聽覺型學習者能記住他們所聽到的最多訊息（Tileston, 2000），這些學生利用聽覺可補足 20% 或少於 20% 的課堂學習。聽覺型學生喜歡聽講，更樂在其中，因此在傳統的學校他們的學習有成功的傾向。根據 McCune 等人（1999）研究，聽覺型學習者的其他特性如下：

- 喜歡發表及喜愛對同儕發表或提供意見的活動。
- 鼓勵人們微笑。
- 是優秀的說書人（storytellers）。
- 也許表現出活動過度現象或不良的機動技巧。
- 通常喜歡傾聽的活動。
- 可以輕易地記憶。

值得注意是，即使是聽覺型學習者，也不能整天聽講。他們需要機會談論訊息並且分享他們的想法，因此訊息對個人而言變得格外有意義。Sousa（1995）指出成年的學習者在聽講大約 15 分鐘後，精神會不專注，精神渙散會在十分鐘的「停工期」（down time）之後。如果你曾經參與一場演講的會議，你可能已注意到此事的發生，即使講題可能引不起你的興趣。

對學生來說，我們通常以他們的年齡能同時傾聽時間的數量來估算。換言之，九歲的學生在精神渙散之前，大約有九分鐘專注在傾聽。如果教師學會把講演分解成容易管理的片斷時間，喜愛講演的教師仍然能侃侃而講談。對你的班級交談十分鐘，然後，在返回另一段時間講演之前，讓他們利用先前講演的訊息做一些活動。活動儘可能的簡單，讓學生彼此談談剛剛演講者說什麼，或者可能是一項引導性

的練習活動。這項活動的重點是讓他們的大腦活躍於學習當中。突破等級（Breaking Ranks）（National Association of Secondary School Principals [NASSP], 1996）提供這項建議：「儘可能地，學生應該在他們學習過程肩負起積極的角色，而不是在教科書和教師僅有的講演中，成為訊息的被動接受者。」

聽覺型學習者的需求包括如下：

- 直接教學（direct instruction）：教師透過適當的陳述（學生需要去了解）及程序目標（學生可以做中學）來指引學習。
- 同儕指導：學生在練習學習中彼此相互協助。
- 結合音樂性活動。
- 分組討論、腦力激盪（brainstorming）及問答法研討會（Socratic seminars）。
- 特殊口頭指導（specific oral directions）。
- 以言語表述學習，包括藉由教師與學生自修（self-talk）的運用。
- 提供學生互動的合作學習活動，因為合作學習也包括行動，更多學生受益。

視覺型學習者

課堂上學習者最多數的群體是視覺型學習者（Jensen, 1997）。視覺型學習者需要看到資料並理解事情如何運作，如果我們可以找到更多協助這些學生看到數學作業如何寫的方法，今天我們就可能提升全國學生的數學成績。對視覺型學生而言，描繪問題或利用非語言的記事本（nonlinguistic organizers）（例如心智圖）來協助他們理解問題。對這些學習者而言，「我相信我所看見的」的原則是絕對真實的。

教學上經常利用視覺來協助學生，藉由多樣化的非語言記事本來發展心靈模式。非語言的記事本包括概念圖（concept maps）、魚骨圖（fish bones）、心智圖（mind maps）及預測樹（prediction trees）。《所有教師都應該知道的事——有效的教學策略》（Tileston, 2004a）這本書提供許多非語言記事本的例子：為此原因，我在此只列舉一個案例。圖 2.1 是科學課程中概念圖的例子。因為大腦會自然地尋找適用模式，這些記事本採用與大腦相容方法來教導所有學生（brain-compatible）。

哪些人是視覺型學習者？

McCune 等人（1999）提供視覺型學習者一些特質：

- 理解口頭指導有困難。
- 記憶名稱有實際上的困難。
- 喜愛看書或畫圖。

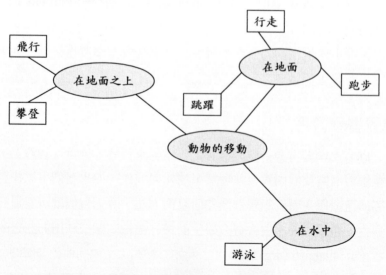

圖 2.1　視覺模式：心智圖

- 注視說話者的臉孔。
- 喜歡做工作猜謎（work puzzles）。
- 注意小細節。
- 教學中要求教師使用視覺。
- 喜愛非語言記事本，因為他們協助這些學生去察看資料。

合乎這些學生需求的概念包括下列：

- 儘可能利用視覺。
- 利用模型、智力競賽及 DVD 光碟。
- 適當時機示範學習。
- 包括智力遊戲格式的活動。
- 展示學習的類型。

動覺型學習者

動覺型學習者需要移動與觸摸，在課堂上有些學生經常與鄰座同學聊天，同時，每一次都找機會去削鉛筆，這種學生是屬動覺型學習者。這些學生會說：「如果你要我去學習如何做，給我機會及讓我動手操作。」他們做中學，並且在安排好的小組或包含發現學習方法的課堂中工作得很好。Payne（2001）表示有許多都會型的學生是屬於這種類型。

很容易見到許多傳統型教師對教導這種類型的學生是有困難的，這種學生需要動手操作（manipulatives）、觸覺教材（tactile materials）及試驗的機會。一個聰明的教師能在課堂上提供學生活動的機會，並且注重親身體驗，均會利用觸覺教材及動手讓學生操作。在數學課時，能結合政治及數學議題，並提供學生無障礙坡道的國家指導方針來代替只談論斜率問題，讓學生做測量或查看環繞學校的坡道是

否符合規格。讓學生到圖書館，以一名拾荒者身分來搜尋二次大戰的人員、地點及戰役等資料，來取代只在課堂上談論二次大戰。多元的教學工具運用在課堂上來預防學習疑難問題，將是一段漫長的路程。

從 McCune 等人（1999）研究發現動覺型學生的某些其他特徵：

- 需要有機會去移動。
- 要去感覺、聞一聞、嚐一嚐每件事。
- 可能也要與其鄰居接觸。
- 通常有良好的運動技巧，也許是運動員。
- 喜歡將事物分解來查看事物是如何操作的。
- 同年齡的人可能表現出未成熟。
- 可能是過度活動的學習者。

指導這些動覺型學習者的概念包括：

- 利用動手操作來學習。
- 提供機會來活動。
- 利用適當時間模仿。
- 引進音樂、藝術及動手操作來擴展學習。
- 分解教師言語傳達易操作的部分。
- 在適當時間提供機會給學習者去發現。
- 利用分組討論或合作學習使這些學生有機會四處走動及與同儕討論。

值得重視的是有相當多的紀律問題來自這個團體，而且一位聰明的教師要結合其他工具來維持這個團體的活動。

暗示

我們想要滿足所有學生每天每個活動的需求是不切實際的，其關

鍵是提供不同的活動，學生一旦在我們的課堂上一段時間，他們所學的技巧容許他們可以做最少的工作，他們分派工作、分派家庭作業，或發現我們例行公事的捷徑。因此，快速改變你的例行公事，大腦喜歡創新，同時，提供不同模式的學習，我們會更喜歡教導所有的學生。

社經地位的差異

Wang 和 Kovach（1996）認為，堪薩斯州托皮卡首府教育委員會「制訂進入公立教育均等機會的法令」，最近數十年的成就滑落「遠遠不及普通學校系統的願景，以提供所有的孩童在學校有相等成功機會」。他們接著說：「來自 1990 年代的人口調查資料顯示美國進入工業化的世界，卻有許多孩子生活在貧困中。」這反映在 2000 年目標的立法上：教育美國法案、學校到工作機會法案，以及初等和中等教育法案的重新授權。

Yancey 和 Saporito（1994）發現來自都市貧民區鄰近地區的孩童更有可能接觸一些事件，從麻疹結核病到沾染毒品。當貧困增加時，孩童和青年人很有可能是犯罪受害者，受到不適當的健康照顧，並且遭受各種身體、心理和社會創傷之苦。這種情形讓孩子處於缺乏教育的危險中。藉由孩童的需要，將學校安置在連接社會問題的中心。

當學習成就差距時，鑑定標準化測驗和其他測量是一個全國性問題，這是可以在孩子進入一年級之前，就及早開始設法提出解決辦法。研究者像 Williams（1996）及 Wang 和 Kovach（1996）在文章中提醒我們，這些問題並非一項步驟就確定，而是與社區支援和提早介入有關。

當然，美國的*趨勢*是所有家庭的成年人去工作，並且長時間把孩子留給托兒所照顧，因此必須為我們全國的孩子徵收稅捐。事實上，

工作日已經變得更長，工作的競爭更困難，而我們國家的孩子無法得到更多與大人一對一相處的時間。Kotulak（1996）發現，嬰幼兒的照顧者在嬰幼兒三歲前的生活中經常與嬰幼兒交談，孩子的智商水準會更高：在 43 個堪薩斯市家庭的研究過程中，他發現大多數與父母親交談的孩子，他們的智商顯著高於不與父母親交談的孩子。Kotulak 也發現白領家庭（white-collar families）的孩子平均一天內每小時聽到 2,100 句話，勞工階級家庭（working-class family）的孩子平均一天內每小時聽到 1,200 句話，接受社會救濟家庭（welfare family）每小時聽到 600 句話。孩子在四歲之前讀說能力變得有所差距，是因為接受社會救濟家庭的孩子，比起擁有 1,300 萬個語言單字經驗的勞工階級家庭的孩子來得少。

Jensen（1998）引用 Healey 的論點表示：事實證據指出現在的孩子準備學校的課業與以前他們的父母、祖父母兩個世代是完全不一樣的。他引用更多出生在物資缺乏家庭的孩子如同被告罪犯一般，在孩提時代就缺少社會刺激，卻暴露於過多毒品和藥物及營養不良的環境。這些因素從孩童貧窮的角度放大來看待這些孩子，當嬰幼兒時期暴露於營養不良、毒品及菸害環境，孩子進入學校之後，則需要從正確的概念開始教起，學校急需正視越來越多學習困難的學生。Jensen（1995）認為胚胎發育的巔峰時，是每分鐘產生 250,000 腦細胞的速率。難怪那麼多孩子生下來就遭受障礙。Jensen 更指出：由證據顯示學生時代可能是情緒智商（emotional intelligence）早期發展，及培育情感讀寫能力（emotional literacy）的關鍵時期。此外，他認為決定孩子是否有發展學習的問題，在嬰兒時期及其照顧者之間的關係是很重要的，因為在第一年我們可以學習許多情感智商，重要的是在因果關係情況下孩子被教導與學習。

　　根據 Payne（2001）觀點，教師應該要覺察到貧困學生的可預測特性。這些學生生活在片刻中，而不是生活在長期計畫中。他們將會為他們所喜歡的教師而努力，然而，如果他們不喜歡教師，則可能發狂或者離開。貧困的家庭相信教育是重要的，但是把它視為一個抽象實體，中產階級家庭將教育評估為工作和財源穩定的方法。來自富裕背景家庭把教育視為一種維持親屬關係的傳統。

學校能做什麼？

　　過去我們一直認為大腦是硬接線的（hard-wired）無法改變，（但是）真實的環境，在發展中的大腦，實際上可以產生物理變化，這是國家心理健康協會（National Institute of Mental Health）的前任主管 Frederick Goodwin 的說法（引自 Kotulak, 1996）。Goodwin 博士強調大腦環境的重要性，為大腦的發展稱環境為食品：「你不能使一個智商 70 的人成為一個智商 120 的人，但是，基於環境的因素，你可以用不同方式來改變他們的智商評量，或許改變多達 20% 左右」（引自 Kotulak, 1996）。

　　Marzano（1998）在參與中歐地區教育實驗室的研究（Mid-continent Regional Educational Laboratory, McREL）的表示可靠的教導策略，諸如幫助學生將他們已經知道的做出新訊息和訊息的連結，或者經常提供特定的回饋給學生，可以在學生成功方面產生戲劇性的影響：只有說「好工作」是不夠。回饋應該是診斷和規定的，應該是經常給予的，並且應該是誠實的。事實上，告訴學生他們做了一件好事，當他們知道他們沒盡力工作可能對學生學習會有負面的影響。

　　作為教師，我們能確保我們的教室擁有助益於大腦的特定環境。Jensen（1997）建議作為教育工作者：

我們最能影響的是「培育」學生的觀點。因為當涉及覺察大腦如何對某些影響有所反應時，我們必須遵循一個重要規章：開始從學習環境中除去威脅。不管你將如何積極地增添正面的因素給環境，首先的工作是排除否定觀點。那些觀點包括困窘、手勢、不切實際的期限，迫使孩子放學後停留、羞辱、譏諷、缺乏資源或者僅僅被欺侮。沒有證據顯示威脅是達到長期教學目標的有效方法。

另外，在學校的努力下，提供免費早餐和午餐給那些需要的人。年長學生擔憂難堪而不願意使用計畫：為了學生討論午餐線（lunch line）問題，協助你的學校找出方法來製作匿名計畫。熟悉社區資源是提供那些給買不起健保、牙齒、眼睛檢查或買不起保險的那些人。經由與社會、政府和社區資源及社區內領導者的合作，幫助你的學生和他們父母帶來社會資源。

 ## 種族的差異

就人種和種族劃分而言存有相當多差別，但種族的隔閡不允許在我們的學校內描述種族的差異。美國已經成為一個融合來自全世界種族的國家。在一所新的幼稚園團體中，發現成員所講的語言超過 30種之多是習以為常的，在課堂上發現反映了這個國家中社區存有相當大的差異也是習以為常的。正如 Gibbs（1994）所說：

美國立國目的是給來自很多國家的人們提供避風港和機會，即形成一個文化大熔爐。現在，我們了解到期望全部人們被我們優勢的西歐文化（Western European culture）所同化，已經促成了種族的衝突、偏見和多元種族人口的機會不均等。

　　我們必須努力理解文化是來自我們學生來源及尊重他們之間的差異，這比嘗試產生一個熔爐還要來的好。身為教師，我們必須先檢查我們自己的價值觀和偏見和如何去影響我們的學生，然後，我們必須協助我們的學生尊重彼此並接受彼此的差異。當教到有關多元文化的差異時，重要的是我們往更深遠處來注意文化的差異，從食物、氣候及衣著方面真正顯示出明顯的差異。

　　身為教師，我們想要在我們的學生生活中產生影響。多年的研究告訴我們，我們要做到教化學生的最重要事情之一是建立關係。事實上，在一些文化中，必須在建立師生關係之後才能做得更多。從我們學生的來源及其社區背景資料來認識社區，這對我們如何著手處理師生的關係是重要的。做這件事是花時間的，但是與不同背景學生合作的朋友將告訴你，一旦建立這些關係，你在課堂上將獲得更多的時間。這時間值得你去投資建立一個關係，因為那些孩子值得你去投資。

認清偏見的符號

　　如果我們在學生當中想要真正地尊重且宣導差異性（diversity），Gibbs（1994）列出在課堂上必須避開的六種偏見。這些是語言偏見（linguistic bias）、刻板印象（stereotyping）、排斥（exclusion）、虛幻（unreality）、選擇性（selectivity）和隔離（isolation）。根據上述偏見的專門用語，讓我們看看教室內部發生了什麼事。

🖋 語言偏見

　　語言偏見包括泯滅人性，或否定特定團體（例如男性或女性）存在的任何語言。當我們教歷史時，不能認可少數民族的貢獻，語言偏見就發生了。當學生的名字被嘲弄或刻意地讀錯音時，也就出現語言偏見。當其他人竊笑或輕視學習英語有困難或不能掌控適當文法的學生，這些學生同樣感受到語言偏見。事實上，對剛到這個國家的學生而言，因英語差怕被嘲笑，所以經常不參與班上的活動或回答教師的問題。在課堂或書寫上，學生可能使用Payne（2001）所謂的「俚語」——此種語言使用在校外或交談，而不用「標準英語」。

這些學生需要知道，在課堂上使用「標準英語」的重要性，因為在社會上使用「標準英語」，將有助於學生們在社會上獲得成功。你可能先寫成「俚語」，再修改為「標準英語」。Payne（2001）的解釋是：貧困學生使用「俚語」，因為對他們而言，語言關係著他們的生存。她接著解釋：對中產階級而言（學校周遭），語言是「標準英語」，因為它與談判有關；對富有人來說，語言也是「標準英語」，因為語言與人脈的建立有關。

身為教師，在課堂上透過設立楷模和不允許汙衊，而能將語言偏見減到最少。我們與班上學生共同討論，為何尊重對待別人是重要的。我們的學生是地球村的成員，他們長大成人也不受海洋疆界的限制。直接教導學生有關文化差異，和如何與其他人合作是一項工作技能。

 ## 刻板印象

我們應該避免第二種類型的偏見是刻板印象。這是在兩性性別角色和少數民族中最常遇到的問題。鼓勵男女學生探索大範圍的活動和職業，而不只是那些傳統的男人工作或婦女職業。例如，今天婦女可能是護士和教師，但如果他們可選擇，也可能是律師和醫生。我們也可容許所有學生表達不同的情緒。

當我們選擇教材和書籍時，我們需要了解這些教材要介紹給少數民族，用相同種類的故事也將介紹其他的學生。例如，少數民族演出領導角色，工作相關角色和家庭角色，正如其他種族所作所為一樣，幫助學生了解他們的人生有許多的選擇是不受人種、種族、宗教或性別的限制。

任何時候我們給予人們選擇，我們授權給他們及給予權力的感覺

是重要的。McCune、Stephens 和 Lowe（1999）將控制的內涵定義為：
「學生感受到他們經歷事件，是在他們自己的支配之下（內部控制），
而不是遭到他們自己以外的其他人或外力所支配（外部控制）。」身
為教師，我們努力幫助學生感受到他們在校確實能掌控他們的成功，
且我們盡力幫助他們，看見他們的所做所為和成功之間的關聯。依
McCune 等人（1999）所說：

> 研究者相信，學生將成功或失敗歸諸於他們所能掌控的事
> 物，像他們努力以赴或欠缺努力，而非他們少許或無法掌控力
> 量，例如能力、運氣或外在力量，使他們更可能投入學習活動。

Payne（2001）經常在窮困學生身上發現一種特性是他們感受到
無助，及對所處的環境一籌莫展。這種特性不是與生俱來；它是後天
環境造成。當學生認為他們不能掌控他們的生活或周遭環境，更可能
形成精神上的輟學，變得不理會外界的激勵，變得沮喪，或甚至觸犯
校規。身為教師，我們有權賦予他們希望，且對課堂的情境授與他們
支配權。指導學生訂定班上規章或制度，徵求他們的意見及對議題的
建言，並且給予他們機會來反映且評估他們自己的學習。Jensen
（1997）說：「當我們感到樂觀和一切盡在掌握中時，大腦會產生不
同化學物質。這些腦內啡（endorphins）確保歡樂、『流動狀態』
（flow state）和內在激勵。」

排斥

要避免第三種類型的偏見是排斥。排斥僅是一組團體缺乏代表
性。這是因為種族、人種、宗教或性別，而構成較大團體排除小團
體。一位自然科教師只是叫男學生回答問題，或者把少數民族學生的

書桌拉至走廊，這是此類偏見的好案例。當我們叫不同種族的學生回答問題時，及當我們跟他們講話時，要用眼睛平視學生，這是我們必須謹慎處理的。

學校排斥少數民族與學習落差的學生，採用特別專案來隔離他們，這是最不幸的方式。我了解有特殊需求的學生經常要求有專業訓練人士的服務來解決其需求或障礙，那些特殊學生不是我在此章節所要談及的，相反地，我提及的學生是，因為他們貧窮或屬於少數民族團體，而被委託參與補助計畫，因此，假設他們是必須需要額外的援助。當我們做那些假設時，經常得到我們的預期：學生未預期做好，所以他們做不好。

Wang 和 Kovach（1996）表示：「由童年貧困和各種疾病問題的累計比例可以推算出學生的平均成績分數。學校的學區位於貧民窟充斥更多的社會問題，其學生的學習成就越糟。」Heller、Holtzman 和 Messick（1982）表示：「來自少數民族和弱勢語言背景的學生，經常接受種種矯治或補救教育方案。」通常，這些學生真正需要的是個別的協助，而非特殊的方案。

在大學的課堂上，大家學習有關天性（nature）對抗教養（nurture）的爭論。我們擁有與生俱來的智慧嗎？我們的基因或後天環境，哪一個更重要？近年來大腦研究指出，不是天性對抗教養，而是天性和教養相互影響。我們降臨於這個世界，點燃學習之火，且熱力十足地學習。如果你不相信，看一看兩歲孩子：在那年齡的稚子經常探索、嘗試、嗅出、注視、聆聽，且將所見所聞試圖用言辭表達。

然後，為什麼某些學生上學前，未具備有成功的先決條件？教養隨之粉墨登場學習應該從小鼓勵，但因為家庭環境扛著重擔和壓力，父母筋疲力盡，壓力沉重，或身體羸弱，而無法提供所需的教養。另

外，今天很多孩子足齡後進入托兒所就讀，托兒所水平參差不齊，有的設施完善且提供孩子良好服務，有的師資不足且訓練拙劣，提供托育服務大大有問題。

一旦學生有學習問題，可能只需要鼓勵邁向成功，和個別教導幫助其迎頭趕上同儕。

虛幻

第四類型偏見是虛幻，或者關於一個團體、事件或貢獻的假資訊，一個最著名教育研究報告指出這類偏見。教師被告知新來的學生只有中等資質；不過，一些教師被告知，學生的程度在中等資質之上；一些教師被告知，學生的程度在中等資質之下。在實驗尾聲才發現，那些被預期做得很好的學生真的做得很棒，而被預期做得不好的學生真的做得很差。

在教師休息室內，在川堂，或在校務會議上，其他教師可能與你分享班級經營的看法。你微笑且感謝他們，但信賴自己在課堂上看見的客觀實在數據和領悟的論證。讓你的學生知道，你相信他們也期望他們有最佳的表現。

新學年的開始，學校老師告訴學生新學年開始如同全新球賽開始，不要在乎學生去年的表現，也不要計較其兄弟姊妹作為。那年開始，我們期望他們盡力而為，和我們將只接受優異作業。事實上，若作業未達要求，我們把作業退還，並在課後時間提供額外幫助，讓他們重做功課。結果，學生作業品質的提升，同時在州級和全國考試分數也相同地上揚。

捫心自問：「我對學生的期望是什麼？」確認你對所有學生具有高度期望，而不只針對優秀學生，或是與你同種族學生，當然也不是

在教師休息室內向你報告有信心的學生。

 ## 選擇性

第五類型的偏見是選擇性或者一個議題、情況或條件的單一詮釋。幫助你的學生從多個面向去看事情,並且發現多種方法來解決問題。根據 Payne(2001)研究,當貧困學生被管教時,他們經常傻笑。這種行為源自街頭打鬥生存之道,展現恐懼可能要付出生命代價。教師扮演的角色不是對這種反應表現不寬容,而是幫助學生了解儘管那種反應在街頭打鬥可能合適,但在真實的世界裡,當上司訓斥下屬時,嘲笑你的上司或許會被炒魷魚。在真實的世界裡,或許需要教導學生適當的回應之道,這是我們建立學生應對進退的一種方法。

另外,我們必須接受不同意見及不同面向的存在。協助學生從多樣化觀點來看清狀況,將有助其成為優秀的問題解決專家。當我們了解不同面向時,我們找到問題核心。真正理解問題核心,經常是事半功倍接近解決問題。

 ## 隔離

第六種類型的偏見是隔離或者團體分隔。在教室裡,學生們促進交流和敞開心胸接受他人,建立忠誠仁愛的友情是重要的。在一個小規模學校的實驗中,我們在每班(從國小至中學)主動地將學生分組,我們驚訝地發現,除非學生湊巧在同一球隊或原本是朋友,其實彼此不太相識。如果上述所言是真的,在大規模學校一定類推適用。

如果學生有機會彼此交談且一起學習,在課堂上建立密切關係的有心努力,才能被落實。依班上人員生態將學生編組,使用合作型學習模式。換句話說,各組應該包括不同族裔的男生和女生。Johnson、

Johnson 和 Holubec（1987）認為，如果學生在教室坐在一起，他們在餐廳便會同聚一堂。

彌補成就落差之途徑

多年以來，我們一直試圖彌補少數族裔學生和主流的盎格魯（Anglo）裔學生之間學習成就方面的落差，特別是美國非洲裔、西班牙裔及都會區學習者。基於時間和資源的數量投入這項計畫，結果是差勁的。正如前述第二章所言，某些部分正擴大落差中。Zeichner（1996）及 Williams（1996）建議，如果我們要永遠地彌補落差，某些因素必須被檢驗且處理。

都會區學習成就落差──事實對抗杜撰

Williams（1996）指出，在教育圈內廣泛地承認有學習成就落差，因為「都會區學校和學生是力有未殆」。即是那種心態已經助長放任主義態度，不僅縮小落差而且彌補之。直到我們正視原因和永遠地彌補落差的解決方法針對都會區窮人和特定少數族裔，例如美國非洲裔和西班牙裔，我們將繼續面臨教育資源有限的螺旋式效應（the spiraling effects）。

解決之道不是侷限在學校內，但必須是全國、各州和地方單位群

策群力，與父母和學校攜手合作。為讓窮困學生能在一個有水準的球場比賽，他們必須身體健康、營養充足和擁有其他資源，上述是一般家庭小孩的基本配備，Wang 和 Kovach（1996）一致認為：「面對很多孩子和青少年未獲得公平對待及確保他們成功的問題，在現有公共服務體系中，只聚焦在學校的狹隘計畫和承諾是無法解決日益增多的問題。」

Payne（2001）表示可利用資源的數量來衡量財富，不只是金錢，資源包括一個強大支援系統、角色楷模（role models）、在中產階級框架（大多數學校的基礎）內工作的能力、生理和心理健康，以及有錢購買物品和勞務。對貧困者而言，相同的資源在更富裕的環境中不一定真正適用。直到政治和社會團體進行對話及合作，才能提供援助資源，對在學校提供資源是有限的。雖然它是有限的，但是它非常重要。

教師可以做什麼？

儘管我們有限的掌握政治團體的決定（我們能投票支持那些了解問題並願意採取措施的人），在教室裡對於都會區貧民有關教育之事，我們有直接的控制力。

檢查我們的信念

首先，身為教師，我們必須評估自己對學生的信念系統。我們用何種先入為主的概念帶到教室？我們對學生的期望是什麼？我們把偏見帶到教室嗎？我們重新思考我們的偏見嗎？我們真正相信孩子們能學習並且以高度的水準學習嗎？

不要容忍偏見

第二，我們必須意志堅定，不能容忍教室裡有輕視或者偏見的情形，同時在觀念上想法一致。

幫助學生認識彼此

第三，我們需要整合想法去幫助學生認識彼此，並且能相互以非積極的形式對話。一開始上課便使用如表 4.1「尋找某人……」的工具。在工具中，學生找出對應所列問題不同的人物。第一個完成問題列表的人可能得到額外的獎勵或特別的讚賞。有時，教師會改為賓果遊戲的形式，當學生在紙上無論是橫向或對角畫出直線時就可「贏得比賽」。

建立彈性

第四，協助你的學生建立彈性。在《學校的彈性：讓它運用於學生和教育工作者》（*Resiliency in Schools: Making It Happen for Students and Educators*）一書中，Henderson 和 Milstein（1996）提供家庭、學校、社區和促進彈性之同儕團體的特徵名單。使用他們的名單作為指南，看看我們能做些什麼來協助我們的學生建立彈性。

利用「尋找某人……」的優點之一，是當學生自另一學生找到答案，他在這主題上就成為專家。

促進親密關係。不僅是每天的碰面，更要個別認識你的學生。與他們交談，給予個別的關懷，提供討論的機會，並且讓他們了解我們是一起學習的。一位好的教師要做的最重要事情之一，是提升學生的自信心並且指導他們成為自我引導的學習者。把你的教室視為是包括

表 4.1　尋找某人……

指示

- 給學生問題清單。
- 讓學生找到在房間裡能回答那些問題之一的其他學生。藉由他們的答案，學生標註他們的名字。
- 要求學生在每個問題作不同的簽名。

尋找某人……

指示：針對以下個別內容要求不同的人填寫。尋找某人，他……

喜歡與你相同的運動。
有一輛藍色汽車。
有兩個兄弟。
計畫出國念大學。
有一個不平常的暑期工作。
計畫成為一位律師。
喜歡與電腦工作。
在 12 月過生日。
到過迪士尼樂園。
有一種與眾不同的嗜好。

差異

指示：當資料被研究後，利用此工具再檢查。不是個人問題，乃是使用關於課程的問題。例如：

尋找某人是誰……
能定義命名者。

你在內的學習者社群。

提供機會給學生讓他們認識彼此，並且把你當作他們的導師、教練、講師和嚮導。一定要學生尊重彼此同時尊重你，首先，以身作則透過對他們表示尊敬，然後確定在你的教室不會容忍霸凌、亂取綽號、開種族玩笑或是評論、奚落他人以及對人無禮等情事。與你的班級一起討論為什麼要這麼做，並且請始終如一地執行。不讓某人在某天僥倖地做了負面且有害的行為然後在隔天才執行這項規則。如果規則要有所變動，事先協調是必要的。Steven Covey（1989）稱它為「28天規則」：如果我們實踐行為 28 天，它將轉為內化。

價值並且鼓勵教育。你會發現教育的價值在你的學生中呈現多樣性，在他們進入你的班級前，很多影響他們的事物已經發生。Payne（2001）認為三個社會經濟族群——貧窮階級、中產階級及上層階級——重視教育但看法不同。貧窮階級重視教育但將其視為抽象的實體。畢竟當你不斷努力供給家庭並且趕走收帳員時，教育不是你的主要關心之事。當與來自貧窮的學生和父母工作時，指出教育使他們免於被欺騙，並且給他們解決經濟問題的機會是重要的。與其告訴他們在學校表現良好是重要的，不如他們能進入所選擇的大學，這種說法通常更富有成效。來自貧窮的孩子傾向於活在當下。教育現在將為他們做什麼？

來自中產階級的學生重視教育，因為它是獲得一份待遇較佳的工作，以及進入一所好學校的一種手段。來自上層階級的學生將教育視為建立網絡關係的另一道管道；對他們而言，進入對的學校並且能遇見幫助和影響他們未來前途的人是重要的。

了解這些態度上的差別作為你與學生和家長合作的第一步，來幫助他們理解學習的重要性。例如，當人們知道怎樣有效地使用數學

時，他們很少會被騙，他們能為將來規劃，因此他們可以獨立，他們有更多的機會發展，而且他們很可能享有所渴望的生活。告訴學生，他們需要學習才可晉級或通過考試，真的對於建立長期的內在動機是沒有太多的助益。

此外，大腦更有效地學習那些對個體有意義之事。根據 Jensen（1997），守門員對大腦是「有意義的」：如果資料對學生沒有意義，是不可能被記住的。最低限度是一開始便告訴學生為什麼課程是重要的。

其他指南。其他我們能建立彈性之事包括：

- 利用高—關懷／低—批判類型的互動。
- 建立和實施明確的邊界（規則、規範和法律）。
- 鼓勵與許多有愛心之人建立贊助關係。
- 促進分擔責任、服務眾人、「必需的協助」。
- 為住宿、就業、醫療保健及娛樂等基本需求提供獲取資源的途徑。
- 對成功表達高度而實際的期望。
- 鼓勵設定和控制目標。
- 鼓勵價值觀和生活技能的普及發展，例如合作。
- 提供領導、決策和其他有意義參與的機會。
- 欣賞每個人獨特的才能。

促進差異性

教師能做的第五件事是透過種族和其他文化差異的直接討論，提供正確的、關於文化團體的資訊。這資訊應由廣泛多元的資源所致，而非來自課本或是單一資源。Kathleen Cotton（1995）的《有效的教

學實習》（ *Effective Schooling Practices* ）提供一篇很多資源的摘要。確信你的資訊同時包含跨文化的（cross-cultural）的相似處與相異處：或許在文化內與各文化間有一樣多的差異。

McCune、Stephens 和 Lowe（1999）建議教師，當他們促進多樣性時，記住下列想法：

- 記住，文化多元化在我們的學校和社會可能被認可和被讚賞，而不被西方價值觀和文化傳統所譴責。
- 認清團體內與各團體間有一樣多的差異。
- 記住，教師的期望和學業成績之間是正相關的。
- 記住，不管種族、性別或是異常者，要對學生抱持高度期望。
- 記住，自尊和學術緊緊相連。
- 記住，沒有單一方法能滿足多元文化教室裡所有孩子的教育需求。
- 記住，多元文化主義不是「少數人的事」：它包括我們全部。
- 記住，人性理解是終生努力的。

5

哪一種教學及學習策略在彌補落差中做出最大的差異？

　　不夠敬業的教師被形容成只會照本宣科、不加思考的無聊教師，被暱稱為相似（Ditto）老師或幻燈片（Filmstrip）老師，意指教了一年、三十年，只知道學生名字的教師。

　　——K. S. Louis and B. Smith, "Teacher Engagement and Read Reform in Urban Schools"

　　當我與某些學校有訓練合作時，所遇到的大多數教師並未發生如Louis 和 Smith 所說的情形，然而與我一起工作的用心教師當訴我，不夠敬業的教師在他們的學校中是不存在的。我通常不與他們會面，因為他們不渴望在新研究領域上通過訓練。幸運地，他們的數目漸漸變少。然而，對教學失望的教師其數量似乎伴隨一些據報導年流動率超過 50% 的學校不斷增加。根據 Louis 和 Smith（1996）的法說：

　　　與富裕人家的孩子之教師相比較，教導來自較貧窮家庭的學
　　生之教師更可能……相信學生會將不良的行為帶入教室。他們也

傾向於相信對學生的影響有限。

本章提供資訊以協助都會區貧窮學生的教師引導邁向更偉大的成功，同時提供教師效能。

高度期望——為什麼他們重要

第四章所述，對所有學生抱持高度期望是重要的，而不只是對那些展現良好學習技能的學生。有一些明顯的原因說明為什麼這是重要的。例如，我們曉得，當我們對學生滿懷期望時，我們很可能提供一門豐富而縝密的課程。自大腦研究的核心可獲得更深入的原因以了解大腦如何學習和記憶。

在學習過程中自我系統的角色

大腦的自我系統是動機和學習的守門員。是自我系統將我們的注意力導向學習或是做白日夢。為了使學生專注於學習，我們需要了解這強有力的系統如何運作，以及身為教師的我們該怎麼用正面的做法來活化該系統。有幾個影響大腦自我系統的因素。這些因素自動地（沒有太多意識的想法）指揮我們的注意力：

- **自我特質**——這個因素提到學生看見自己的方法。它不侷限於單向的看法，而是可能隨著特質改變。例如，學生可能由體育的角度看見自我，由個人的外表看見另一個自我，甚至由學習中又看見另一個自我。
- **自己與他人**——這個因素提到學生看見自己關於團體或單位成員的方法。換句話說，關於他的同儕，他的地位是什麼？對他的家庭呢？對其他人呢？

- **世界的本質**——這個因素提到學生看見自己關於世界的方法。世界是友善的還是敵對的？Marzano（1998）說：「在這個範疇內，個人將擁有說明為特定事件發生原因的『理論』。這些將包括他們的信仰關於物理的、情感的、社會學的和超自然的力量，以及他們如何來影響特定的情況和事件。」

- **效能**——這個因素處理個人相信他有資源或能力改變情勢的程度（Marzano, 1998）。以自我特質為例，這種信仰不是僅根據「想法與感覺」，而是根據由先前經驗獲取的事實。例如，假如學生從前對數學有絕對的經驗，她現在很可能對數學有絕對的自我效能感。這只不過是為何教室裡的學生經歷成功如此重要的原因之一。

- **目的**——自我系統的範疇必須處理學生有關生活目的的想法。

透過上面列舉的因素，試著決定是否專心學習或是繼續作白日夢的學生，會藉由檢查作業的重要性、利用他們所擁有的自我效能度，還是考慮他對學習的情緒反應以活化自我系統。讓我們以今日學習者的觀點審查每一個因素，同時審查身為教師可以為學生做些什麼以幫助他們使用該系統來學習。

重要性

Marzano（2001）解釋「個人認為重要的或許有某種程度的功能以滿足兩種條件之一：覺得有助於滿足基本需要，或者覺得有助於一個人目標的成就。」藉著使用這兩個度量標準，教室的教師有辦法能提升學生相信學習的重要性。

- 一開始便告訴學生學習為什麼重要。向他們解釋在現實世界裡如何利用學習。

- 學習之前，在學生正要學習的與已經了解的事物之間建立連結。

大腦尋找連結，沒有連結地方，混亂隨後而來。關於《所有教師都應該知道的事——有效的教學策略》（Tileston, 2004a）提供許多如何有效連結的例子。教學慣例之一，藉由要求學生根據先前所學經驗創造非語言組織，此似乎高度有效地幫助學生在以前和新學習之間建立連結。這可以經由小團體或個人來實踐。非語言組織是一種學習的圖像，它是依賴組織架構而非言語。心智圖是非語言組織的例子。第四章提供自然科學課程一個心智圖的實例。

如果我將介紹的學習單元，學生沒有先備知識，該怎麼辦？那樣的話，我必須建立連結。Whistler 和 Williams（1990）使用 Beverly Cleary 所著《*Henry Huggins*》的書所採用之實例，在基礎的水準；這本書中，主角發現一隻狗並把牠帶回家，目的是要飼主出面並讓他的狗回來。為建立移情作用（理解所需的技能之一），教師課程的始是透過告訴學生在相似情況下他們要做什麼來。Whistler 和 Williams 把這策略稱為「我們寧願」，並且把學生置於相似的情境如同書中主角，看學生會做些什麼。他們給孩子選擇，例如把狗藏起來，很樂意地歸還狗、假裝你沒有狗，或者與飼主達成協議，以便你能看見狗。

我們也能透過要他們寫下個人的學習目標以彰顯個人學習對學生的重要性。身為教師，我們透過學習單元或課程設立敘述性和程序性目標的視覺模型來塑造這項活動（由於學習，我們想要學生知道以及想要學生能做些什麼）。我們應該特意挪出時間與學生檢查那些目標，然後基於這些資訊讓他們設立二至三個個人目標。藉此，我們不僅提供個人與學習的連結，也提供方法讓學生檢查他們在工作中做得如何。當事情沒有進展時，要常常回頭看看所設立的目標，並告知學

生如何修正個人的目標。表 5.1 和表 5.2 是基本和次要的實例。

效能

　　表 5.1 和表 5.2 的練習也幫助我們的學生建立效能。透過為學生提供一種自我評估學習的方法，我們提供一個基礎讓他們監控並調整工作以獲致成功。藉由保證學生學習經驗，我們也建立自我效能。最好的做法之一是經常提供一致和建設性的回饋。不要倚賴總括性陳述來做自我效能的差異，例如「情況良好」。Marzano（1998）的研究

表 5.1　目標設立的基本實例

有關《牛仔王子布巴》（ *Bubba, The Cowboy Prince* ）一書，我提供你一些學習的目標。

敘述性的目標是你將知道：

- 事件順序。
- 對故事而言事件順序的重要性。
- 主角和他們如何促成該故事。
- 故事的主旨。

程序的目標是你將能：

- 比較和對照布巴（Bubba）和灰姑娘（Cinderella）。
- 辨認作者如何使用幽默。
- 相較於更傳統的灰姑娘故事，比較作者使用角色、主題和活動的方式。
- 撰寫自己版本的灰姑娘。

你為自己所設的目標是什麼？

- 我想要確定在多種版本的灰姑娘故事中，角色和主題是如何設定，讓我能決定我的著作。
- 我想要創作幽默版本的灰姑娘故事，不用人物而改採有趣的動物。
- 我想要學習使用芭比作者式的幽默。

表 5.2　目標設立的次要實例

在 John Hersey 和他在廣島的經驗紀錄，我已經確定下列目標。

你將知道以下宣示性的目標：

● 與這經驗相關詞彙的定義。

● 與公正報告相關的責任。

● Hersey 以觀察者立場來歸納他的報導。

程序的目標是你將可能：

● 透過歸納、預測、概述和假設推斷資訊。

● 分析已知的資訊。

● 透過綜合、組織、規劃和解決問題來創作自己的作品。

關於你個人的學習目標是什麼？

● 我想要了解如何公正地寫，即使當周遭的一切出錯時。

● 我想要知道什麼時候以公正的方式寫是合適的，以及什麼時候不適合。

● 我要能區別事實和想法的不同。

● 我要有機會從觀察者的角度來寫些東西。我不曉得是否我能做到。

指出：當回饋是一致且具體時，對學生學習的影響是重大的。沒有這個過程，結果可能是悲慘的。當我們只倚賴總括性的陳述或者當我們給予不值得的稱讚時，我們甚至可能是幫助學習落後而需採取行動的學生。

　　學習無助感是一種狀況，發生於個人一再經歷失敗時。以下是我們需要處理的：學生來自貧窮、來自都會區負面的影響，所帶來學習的負面經驗。注意到學習無助感是來自環境，這是重要的。修改學習的認知和經驗能改變它。

情緒反應

　　學習情緒的重要性是不能盡述的。情緒有能力關閉或提升學習的

品質。當每個學生對學習的感覺、對導師的感覺、對教室的感覺，以及關於自己在學習過程中的感覺是重要的時候，這些感覺對都會區的學習者是關鍵。市區內的貧民很少將注意力放在教室內，在那裡他們感到動作的、身體的、社會的，或精神的威脅。教師接觸學生的關係是至高無上的。這不意味著教師一定是他們的好朋友，而是教師必須向所有學生表露理解和溫暖。這樣的一名教師試著理解都市學習者特別的問題，試著為學習者與各種提升學生生活的資源建立連結，同時做到因材施教。

我們現在要他們注意什麼？

一旦學生開始一項任務或者決定專心，大腦的後設系統就會接管。這個系統相當倚賴學生已經確定的目標（有意識或無意識地），同時倚賴在當事情沒按計畫進行時學生是否會繼續完成。

因為後設認知系統將藉由或不依據我們的輸入來建立目標，身為教師，透過明確地說明如何確立學習目標，以及透過要學生建立個人目標以提升目標品質，對我們是有利的。藉由以下動作我們能提升學生後設系統的運作：

- 為學習確定目標並和學生分享目標（對年輕的學習者以書面形式或圖片形式）。
- 明確地告知學生如何為學習確定個人目標。
- 提供語言和非語言組織者作為幫助學生確定目標的指南。
- 當我們解決問題時，向學生說明我們如何使用確定的自我交談。當個人目標進行不順利時，這特別重要，我們必須解決或者修改我們的計畫以實現目標。關於所有學生以及特別是都市學習者的怨言之一，是他們在行為上和學習上表現衝動。我們

有計畫地控制衝動，同時了解當計畫沒有效果時該做些什麼。這個能力必須傳授給我們的學生；他們將不帶著那知識來我們的教室。只有當我們在教室巡視，看見且聽見學生所作所為，以及透過非常特殊的回饋時，我們才能了解計畫沒有效果。

• 在學習之前提供學生，以便了解他們的期望，同時也讓他們知道我們以高品質工作的意思是什麼。我確信如果知道那是什麼，更多的學生將在高品質水準下工作。在《所有教師都應該知道的事——學生評量》一書中（Tileston, 2004b），我談論如何建立學生學習的規格及模式。首先，給予學生具體期望的目標，我們就可從家庭作業到專案計畫進行分數評比，不然那只是一場遊戲且不公正。透過提供最前端的目標，我們將分數與品格區隔。目標明確地表明期望和價值。如果學生完成作業，他們得到分數；我的個人情感是，學生的過去作業、行為均不重要。這是我所知的最好方法，給全部學生一個公平競爭平台。

認知的一般想法

我已討論給予引導式策略的重要性，影響大腦的自我認知和後設認知系統。針對認知策略提供詳細的建議如下：

提供溝通橋樑，消除學生在家學習及在校學習之間的落差。Zeichner（1996）說：建立溝通橋樑有兩種模式。一種是整合學生的文化和語言；另一種明確地教導學生，有關中產階級架構的文化。整合文化和語言，讓我們看看課堂教學和環境方面的意義。

整合語言與文化

　　整合學生的語言和文化之前，我們自己必須要了解他們和其地緣關係。接著，必須使用他們的資源提升學習。例如，說故事是很多文化的一部分，尤其是在西班牙裔和非洲裔美國人家庭。教師以說故事型態，幫助這些學生在舒適且熟悉的環境進行學習。

　　提升他們學習的另一種方式，是運用他們族群的例子提供整合其經驗和文化的書寫機會，像是提供與他們熟悉事物相近的例子。我很多書都有談到 Kay Toliver，她在一所內城區學校教數學，卻有一些驚人結果。當她教到分數章節時，她不會說「為讓你成功，你必須學習分數」；相對地，她明確告知如何學習分數將幫助他們成功。例如，買披薩，知道分數功用時可避免被騙。一個披薩售價一美元的 1/4 和 1/16 之間有大差異。來自內城區的學生活在當下，他們想要現學現用。

　　來自內城區的學生，經常使用 Payne（2001）所謂的俚語，基本上，俚語是街頭語言，他們到校上課使用正式用語是不務實的。Payne 甚至建議，可先允許他們使用俚語書寫，引導他們使用正式用語和專業寫作方式重寫。

　　認識學生和其文化的教師，理解到英語講不好的學生（如：英語學習者），可能覺得在課堂大聲說、讀英語很尷尬；當被點名說英語，臉色就露出羞怯，但他們通常能說更多英語；應該要多包容讓他們及早適應環境。

　　此外，英語學習者經常欠缺語言取得技能，用於處理且把英語單字嵌入大腦的長期記憶系統。我們透過學習，將內容和視覺訊息放進長期記憶系統來幫助他們。其次，非語言教學法是一種好方法，幫助學生處理訊息。當學習詞彙時，使用視覺教學法，採用照片搭配文

字，幫助學生學習專業術語。當主要語言不是英語時，圖 5.1 是視覺教學法用於學習詞彙的例子。

圖 5.1　使用圖形及符號學習詞彙

詞彙	定義	字形符號圖像協助記憶
創造	製造新產品	
分析	化整為零	
解決問題	確認問題 產生答案 測試假設 評鑑	確認 產生 測試 評鑑
結論	歸納、預測、摘要	假如……然後

　　大腦的語義記憶系統儲存事實、詞彙、位置和名字，我們能幫助英語學習者，給予字彙一個符號或代號，幫助學生儲存訊息更加便捷。

明確地教導班級文化

　　我們無法假定，來自貧困和其他文化的學生，將自動地知道且理解，即為 Payne（2001）所謂教室文化的「潛藏規則」。主要地，這些潛藏規則植基於中產階級理想和價值。例如，我們經常告訴學生多讀書將幫助他們進入理想大學，或讓他們的人生更成功。當學生們接受此信念，我們必須與學生共同努力。對於內城區的學生來說，生存

是當務之急，他們想要現學現用。如何提升在同儕之間的地位？如何幫助他們生存？如何避免被騙？從這裡開始，因為你相信他們，他們有能力做大事，然後告訴他們，多讀書將在未來提供成功機會。

幫助學生理解，在街頭和學校的行為和溝通標準大大不同。Payne（2001）舉例：一個學生違反校規被懲戒時，仍在哈哈大笑。街頭的規則是顯示恐懼，讓你橫屍現場。然而，違反校規被懲戒時，或上司與你談論錯誤，哈哈大笑是不禮貌的。我們明確地告訴學生，在街頭容忍性和學校容忍性差異的訊息。用有禮貌、友好的、客觀的，而非權威或高高在上的聲調，向他們傳達此重要訊息。

當來自內城區的學生品行不良時，他們知道需要另有對策來克制他們自己的行為。街頭的語言是比拳頭和比大聲的，他們可能不知如何回應。在那些情況裡，我們必須明確地教導差異性。合作學習方案是教導某些技能的好方法，內城區學生傾向於視覺和動覺學習者；他們喜歡活動，與朋友並肩合作。他們需要組織，或許他們將是麻煩製造者。把學生分組並不是合作學習，合作學習有優良架構，整合社會、情感和認知智慧架構。

某些額外想法

Zeichner（1996）提供某些額外建議給貧困內城區的教師，冀望縮短且終結學習成就的落差。下列取自他的著作，且由我改編。

身為教師，我們必須：

- 真誠地相信與傳達所有學生，他們是有學習能力的，且能有所突破。
- 平等對待學生，提供高品質的課程。
- 考量學生背景，透過豐富化教學技巧，幫助學生吸收知識（有

教無類）。

- 提供有意義的學習作業。
- 提供學生成功的橋樑。
- 教導社會的潛藏規則時，幫助學生，對其祖先的光榮感到自豪。
- 與每個學生私交良好，引導他們知道，我們堅信他們能向上學習。
- 考量學生的祖先光榮，教室裡提供多項資源。

我們如何應對語言取得技能？

對英語學習者，有時稱為第二外語學習者包括這個國家的廣大、成長的學生們。當內城區人口結構改變時，學校角色隨之更動，面對多元族裔不會講英語的挑戰，這些學習者通常列入下列群組：

1. 移民至美國的學生會講一種或多種語言，卻不包括英語。他們可能少講或不講英語，和通常在家不講英語。

2. 以難民身分，移民至美國的學生。對於他們來說，英語並非必須躍過的唯一障礙。他們稱為 LFS 學生（受限的正規學校），受限於移出國本身條件，接受有限的正規教育。根據 TESOL（2001）說明，這些學生經常展現下列特徵：

   - 母語的半文盲。
   - 功能性文盲的最低理解。
   - 嚴重的學習能力低落。
   - 對學校組織文化缺乏了解。

3. 學生會說街頭俚語，不會說學校和上班場所的正式用語。

教師的第一步驟：確認學生語言取得的階段。TESOL（2001）提供三階段語言學習和對每階段的期望。這些階段易流動；在某一時

點，學生可能在某階段，和經過一段時間後，進步至下階段。對教師而言，確認你的班級所代表的階段。

開始階段

在這個階段，學生幾乎不懂英語。他們的大部分溝通是非口語的。當他們開始學會一些字彙，練習使用一個單字或簡單片語表達意思，可能引發問題、陳述。

這些學生透過非印刷品，如圖像或其他非語言例子來建構語意。雖然他們可能從某些字彙建構語意，但內涵的建構是不完整的。

中間階段

在中間階段，學生擁有小部分的詞彙，足以涵蓋日常生活的必備單字和片語。雖然讓對方講話多次重複，他們聽說情形多於親口表達。在此階段，他們程度有限，自發性使用語言。例如，他們可能使用基本單字表達他們自己，但是欠缺專業術語，有限地表達其願望、想法，他們講話簡單，卻包含文法錯誤。與開始階段相比較，他們能從教科書獲得更多知識，仍需要非語言例子增進理解。

進階階段

在進階階段，學生日常生活的溝通沒問題，卻有其他階段的偶然建構和詞彙錯誤。他們能使用英語，但複雜性、抽象性用語依然艱難。在此階段，學生應該能流利地閱讀教科書，偶然的理解力問題持續存在，他們可能仍有讀不通的困擾。

教師的通用準則

下列準則提供教師，用於幫助英語白紙一張的學生。

- 學習英語的學生經由語言取得階段，向前進步。學生進步比率基於學生背景、母語理解度、正規教育的程度、學習風格和動力而有不同。依據 ESOL（2001）資料，與英語為母語者相比較，語言學習者可能花費五至七年才能獲得英語駕馭能力。

- 在互動、有意義的活動中，學生有機會使用語言，他們將在優良環境裡學習語言。建造學生的文化、學習風格，我們賦予學習新意義。有意義，才有動力學習。對於學生，尤其英語學習者，我們需要提供個人化意義。當他們能讀通脈絡時，學習新語言的學生才能有效地消化。例如，課堂開始新單元的閱讀課程的，他們將朗讀 Johnny Appleseed 的一篇故事。對於此單元，教師開始討論蘋果，她要求學生分享經驗，提供機會討論他們所了解的蘋果。她正給蘋果一個脈絡——即是個人經驗。

- 為教室的學生互動提供很多機會。藉由此事，教師幫助學生獲得英語取得所需的認知發展及社會發展。

- 經常給予回饋。語言學習者需要目標，他們需要知道是否正達到那些目標。

- 促使學生使用語言進步，應增加更富挑戰性活動。記住問題不在於智能，而是語言取得。

- 當我們看著讀、聽、寫和說，記住學生在語言的四個成分內，可能在不同的階段。例如，學生可能同時是寫的開始階段、聽的進階階段和讀的中間階段。學習語言環繞所有四個成分，學生不能用線性模式學習，例如，學生不適宜學習先說、其次寫

……等等。學生來來回回地學習讀、聽、寫和說，他們掌握駕馭語言的能力。

6

工作上的差異──
教師的檢核表

　　當你仔細考慮這本書時，檢核表 6.1 是幫助你的一個良好的視覺工具。關於差異性你可以透過所完成的事情作一份檢查單（check-mark）。因為要花時間了解差異性，你可能要檢查那些在今日是真實的事情，並且定期地回頭看自己的成長。

　　在你的校舍與其他學校裡找尋與其他教師建立互動網絡的機會，藉此支持及鼓勵自我。

　　史達林假設他不需要軍隊接管國家。他說給他一個世代的孩子，他就能擁有這個國家。有誰比教師對社會有更大的影響力？我們的影響力是促使新世代變得更好。

檢核表 6.1

當學校開始尋找縮小成就差距甚至癒合差距的方法時，下列的檢核表可以作為指南。

你將做什麼？

在我的家鄉和我的國家，我將：

❏ 認識立法者和政黨候選人有關貧民區問題的態度與計畫。

❏ 作一位消息靈通的選民。

❏ 致力於調整聯邦和各州資源以幫助都會區貧民並提供公平的教育機會。

❏ 積極確保聯邦和各州的措施是成功的（即，由特殊團體中挑出無偏見和限制者進行試驗）。

❏ 致力於國家標準，同時考慮到全部學生，且能提供富裕地區以及全部學生和教師成功的資源。

❏ 自願在理事會和委員會服務，尤其是為試驗及資源制定政策的委員會。

在社區裡，我將：

❏ 成為前衛活躍之前，提供更好健康、精神、監督、身體及財力資源給我的學生。

❏ 和父母親及其他照料者尋求解決之道。

❏ 積極地讓父母親和社區的成員參與諮詢團體。

❏ 不定時舉行會議，讓工作中的父母能參加。為不會講英語的父母提供翻譯。

❏ 考慮一些來自執政當局不公正或者不友好國家的父母親，他們可能謹防學校人員，特別是他們不是公民者。

❏ 有計畫性的提供機會給學生，包括藝術、音樂、寫作、時事通訊（newsletter），或在診所、其他社區設施協助等活動，使他們在自己的社區變得積極主動。

❏ 因為貧窮是缺乏資源的問題，所以要幫助學生增加在他們自己社區內的資源。

在走廊和學校裡，我將：

❏ 把良好的營養列為優先。

（續）

❏　為學習強調好的水合作用（hydration）。

❏　以偏見為例檢查課程和書籍，並且為消弭校園中的偏見之計畫而努力。

❏　制定包括對所有人民尊敬的規範。

❏　制定口語學習是重要的規範。

❏　提供包括學生和社區成員的諮詢團體。

❏　為課後活動提供機會。

❏　為附加資源提供機會，這是學校預算的一部分，例如護士、顧問和圖書館管理員。

❏　確保學校的文化資源豐富，並且反映出學生的種族。雖然馬丁路德紀念日重要，但是我們不應該只在這一天慶祝差異性。

❏　察覺缺席太多的學生有退學的危險，或者有不及格的危險。

❏　為每名在校生提供一名成年的輔導者（這可以透過教師和高年級學生的團隊完成）。

❏　如果學校無法和相同學區的其他學校匹敵的話，則要為我的學校爭取更好的條件。

❏　主動要求學生成功所需的資源。

❏　提供進行中的專業訓練，這包括能影響我校學生的方法，同時能調查出最佳練習之道，特別是有關大腦研究和學習。

在教室裡，我將：

❏　制定一個能期望教室內學生會受到尊重的規範。

❏　與所有學生同在一起。

❏　塑造學生我所期望的行為。

❏　提供學生關於他們可用資源的資訊。

❏　使學生了解良好營養的必要以及關於學習的水合作用。

❏　傳達對所有學生的關懷與關心。

❏　傳達高度期望而保持低的威脅程度。

❏　幫助學生理解大腦如何運作且如何影響他們的所作所為。

❏　在我的學生當中建立確實的自我效力。

（續）

❏ 教導學生「潛藏的規則」及規則使用時機。

❏ 在我的學生當中建立確實的自尊。

❏ 在教室裡提供考慮到我的學生背景和種族的各式各樣資源。

❏ 在教室裡使用多種型態，特別是視覺和動覺。

❏ 把課程放在上下文中考慮。

❏ 創造能幫助學生在先前學習和經驗與新學習之間建立聯繫的經驗。

❏ 創造機會為學生確定個人學習目標。

❏ 當學生遇到問題時，明確地引導如何使用自我交談和其他技術修正他們的目標。

❏ 幫助學生在品質水準要求下完成工作。

❏ 對學生持續地提供具體和規範性的回饋。

❏ 用各式各樣的方法教導，以便學生在他們習慣的模式裡學習。

❏ 幫助學生從街道的語言轉變成教室的語言。

❏ 提供學生機會使其在實質的團體內一起工作。

❏ 強調所有學生帶到桌子的禮物。

❏ 認識並克服語言的偏見。

❏ 認識並克服定型偏見。

❏ 認識並克服排斥偏見。

❏ 認識並克服分裂／孤立偏見。

❏ 認識並克服選擇性偏見。

❏ 認識並克服不真實偏見。

字彙摘要

高風險學生（At-Risk Students）

　　學生被貼上高風險學生標籤，他們多被認為可能遇到學習問題——失敗、中輟、經常缺席的，或者常生病。各校對問題學生界定標準不一，但可能包括下列因素：

　　1. 低社經地位。

　　2. 在校的失敗經驗。

　　3. 以往缺席紀錄或健康問題。

　　4. 以往違規紀錄或行為偏差。

　　5. 確認補助計畫，例如法案I或特殊教育。

　　6. 移民者後裔。

　　7. 英語能力不足。

　　並非所有學校都使用這些標準高風險，但某些標準常是一所學校計畫的一部分。理想化狀況是，學校將為學生提供導師、情緒支援、親師座談會，以及問題跡象的經常分析等額外援助。令人遺憾地，在大多數的學校，高風險學生獲得這樣的幫助是例外而不是常態。

　　Teachman、Paasch、Day 和 Carver（1997）指出青春期的貧困經歷，對孩子的學習成就有負面影響。教育成就決定美國人的經濟和職業成功。在過去的 20 年，高中中輟生特別明顯，無中學學歷者的實質收入銳減，與受高等教育者差距加大。

偏見（Bias）

　　偏見是基於一套標準，認定某些人事物是低劣或優秀的。

教室氣氛（Classroom Climate）

教室氣氛代表在教室內的兩個主要區塊：

- 教室的實質構面：採光、顏色、氣味、房間安排、視覺和溫度。
- 教室的情緒氣氛，例如：學生如何面對學習、教師、其他同學，以及課堂內正面和負面情緒的感受。

直接教學（Direct Instruction）

直接教學即是教師鼓勵學習者高水平的參與，並且需要完整、可完成的任務。在直接的教學下，教師可能依據下列步驟：

- 介紹主題和主題相關的詞彙。
- 塑造、示範或討論訊息。
- 提供機會給學生，在與教師互動的完整環境裡實踐學習。
- 提供學生使用新訊息獨立地工作的機會。

差異性（Diversity）

差異性表示我們彼此間不同，包括性別、年齡、種族、民族、宗教、特殊性和社經地位。

英語學習者（English Language Learners）

英語學習者係指學生的母語不是英語，和對英語掌控有限。因為學生不知道字彙，無法啟動語義記憶系統（儲存字彙之處），教師透過使用視覺和肢體動作，啟動其他記憶系統是重要的。

種族（Ethnicity）

種族表示某團體的種族組成分子，例如：原住民、亞裔美國人或

白種人。

種族優越感（Ethnocentrism）

種族優越感是自己的種族優秀於其他種族的信念。

特殊性（Exceptionality）

特殊性表示使我們不同的特徵，例如殘障或資優。

異質編組（Heterogeneous Grouping）

異質編組是一項將學生分組的技術，它反映出班級的組成，而非能力或興趣。例如：如果教室是 50% 少數族裔學生和 50% 白種人，小組的構成會是 50% 少數族裔和 50% 白種人。Johnson、Johnson 和 Holubec（1994）在《合作學習》（*Cooperative learning*）中說，學生從未用不同分組的形式在學校餐廳用餐，除非在教室他們已經參差而坐。

社會潛藏規則（Hidden Rules of Society）

根據 Payne（2001），每個社會階級都隱藏著只有該階級知道的規則。例如，對貧窮的孩子而言，最重要的財產是人；對中產階級而言，是事物；對富裕階級而言，是一種物品、遺產或家世。金錢對貧窮的孩子而言，是用於花費；對中產階級而言，是用於管理；對富裕階級而言，是用於投資。到學校的人可區分為社會富裕階級、稍微富裕階級及下層階級。從時間的角度而言，貧窮的孩子活在當下；中產階級展望未來；富裕階級相信傳統和歷史。很有趣的，每個階級認為每個人知道他們的潛藏規則，但事實是我們傾向只認識我們團體的規

則。

假想觀眾（Imaginary Audience）

全神貫注於本身生理變化的學生，經常假設別人（想像中的觀眾）同樣被外表和行為的變化激發。他們甚至可能感受到想像的觀眾正注視他們並等待他們犯錯。如果每個人正在注視，就有必要舉止端莊，行動正確。穿著合乎該團體規範，暗示教師應該知道團體動力學，且做任何事情應尊重學生，不讓學生難堪。上述對學生而言是非常重要的。

內在動機（Intrinsic Motivation）

內在動機是他們本身受益於相關活動的內部動機。一個內在動機的例子是讀書的學生因想要學習更多主題、特質，或者因為喜歡讀書。某些研究者相信，教室的濫用獎勵是內在動機的障礙。

學習無助（Learned Helplessness）

學習無助是學習者相信 Michael Harrington（1962）於《美國的另一面》（*The Other America*）所言，貧困的情形註定失敗。新貧困的產生摧毀了渴望，新貧困是一種制度，讓你遠離希望。

學習環境（Learning Environment）

學習環境包括圍繞學習的心情、聲調和物理條件。

控制信念（Locus of Control）

依據 McCune、Stephens 及 Lowe（1999）所言：

　　控制信念表示學生感受的程度，他們經歷的事件在他們本身的掌控（內部控制），而非在外人的掌控下（外部控制）。研究者相信，學生樂於學習是因他們把成功或失敗歸因於他們能掌控，像他們本身的努力或缺乏努力；而非他們無法掌控部分時，例如他們的能力、運氣或外力。

　　教師應該幫助高風險學生聯結他們的成功至有助益的事物。當此種情況出現，學生發展自我肯定和信心，即他們相信自己一定會成功。

熔爐理論（Melting-Pot Theory）

　　多年來，美國的熔爐理論信念頗流行，即到美國移民應該同化，且融入主流文化。很多美國人開始相信我們需要擁抱文化差異，而非試圖讓每個人都一樣。

少數族裔（Minority Group）

　　少數族裔是某民族或某種族在一個社會內有最少的數量。

形式（Modality）

　　形式是學生接受資訊的方法。常用的三個形式是：

- 視覺型（Visual）。視覺型學生需要看課本，且在數學方面，他們需要看出數學如何運算，僅僅告訴課文是不夠，大部分學生屬於此群組；如果我們能發現更多方法讓學生看出數學如何運算，是否就能提升整個國家的數學分數？
- 聽覺型（Auditory）。聽覺型學生想要聽新資訊，他們通常喜歡傾聽且作筆記，小部分學生屬於此群組。

- 動覺型（Kinesthetic）。動覺型學生需要操作經驗，他們也需要動作指示，或者他們易於分心，導致他們可能有犯校規的問題。

動機（Motivation）

動機是完成某事的意願或動力，它可能是外在的（外力驅動的，例如一份獎勵的承諾），或內在的（內部驅動的）。

多元文化教育（Multicultural Education）

多元文化教育是不同文化的人們之間增加相互了解和接受的過程。

非鑑別力測驗（Nondiscriminatory Testing）

非鑑別力測驗考慮到學生的文化和語言背景。

個人神話（Personal Fable）

個人神話代表某種信念：「我的人生與人不同，沒人了解我的感受與想法。」此類人生的看法，可能導致孤立的感覺（通常經由一個改變的身體推定）；或從事冒險行為的意願（例如：別人懷孕，我不會發生）。

自我概念（Self-Concept）

自我概念代表個體看待自己的方式。

自我效能（Self-Efficacy）

　　自我效能是邁向成功的自信。根據 Cummings（2000），自我效能是一種信念，讓你有力量完成特定任務，確定是否讓學生參加任務或避開它。Cummings 接著說，當教師完成下列內容時，學生們能有所獲益：

- 設定教導目標。
- 鼓勵正面的自我交談。
- 長期目標劃分為各階段目標。
- 評量各階段的成功。
- 鼓勵學生自我評估其努力。

自尊（Self-Esteem）

　　自尊是個人設定的自我價值。

自我實現的預言（Self-Fulfilling Prophecy）

　　當某人有偏見信念影響其預期的結果時，自我實現預言就會發生。

　　研究者 Good 和 Brophy（1966）提供教師如何經常憑其認知對待學生的例子如下。教師可能：

- 讓高成就學生坐在教室中間。
- 讓低成就學生的座位遠離教師。
- 讓低成就學生坐在一起。
- 在上課期間，很少給予低成就學生肢體關注（例如：不多微笑，不多眼神接觸）。
- 點名高成就學生比低成就學生更多次。
- 花費較長時間回應高成就學生。

- 不太理會低成就學生。
- 更經常批評回答錯誤的低成就學生。
- 更經常地讚揚公開回答不充分低成就學生。
- 關於低成就學生的回應，提供低頻率和不具體的回饋。
- 對於低成就學生，要求不多。
- 更經常中斷低成就學生的表現。
- 經常指責低成就學生。
- 處罰未完成作業低成就學生，對未完成作業高成就學生放水優待。

社經地位（Socioeconomic Status）

社經地位是個人的社會因素與經濟地位的關係，包括教育，職位和住宅區域。

根據 Teachman 等人（1997）：

單親和雙親家庭孩子的教育成就，大約 50%來自收入的差異。其餘的差異歸因於父母的較少監督（特別是父親方面），且有較少的「社會人脈」關係，因為他們經常性搬家。

心聲（Voices）

根據 Payne（2001），我們的人生有三種心聲：孩子心聲、父母心聲和成年人心聲。

孩子心聲有下列屬性：它是防守的、被犧牲、感情的、抱怨的、強烈負面性、肢體的和雙輪態度。它也可能是頑皮和自發性的。

例如：「別再罵我了！」

父母心聲傾向於威權式、指令式、主觀的、可評估的、苛求的、懲罰的、有時威脅的和輸贏（win-lose）態度。它也能是慈愛的和支援的。

例如：「照我說的做！」

成年人的心聲傾向於客觀的、正面的、事實的和經常用開放式語氣講話。它有雙贏態度。

例如：「用什麼方法解決此問題？」

對貧困孩子使用父母的心聲經常引起火爆情況。Payne（2001）說採用成年人的心聲，而且在大約第四年級時，開始教導貧困孩子怎麼表達成年人的心聲。Payne 稱呼成年人的心聲是「協商的語言」。上述心聲音多用於生意場合和學校，且應該教導孩子表達成年人的心聲，有助於他們在世界上取得成功。

字彙後測

　　本書一開始已提供字彙表及字彙的前測，以下是字彙後測的題目及答案。請於閱讀完題目後選出答案，正確答案可能不只一個。

1. 一個團體優於其他團體的信念，稱為……

　A. 熔爐理論

　B. 種族優越感

　C. 特殊性

　D. 差異性

2. Diane Madden 是東方中學的教師，她教八年級的美國歷史。在學校開學之前，Diane Madden 與七年級的教師討論，詢問他們如何提升學生達到 A 等級，以及哪些學生在這個年段的課堂中不曾努力學習等相關意見。Diane Madden 的行動最有可能的關聯是……

　A. 種族優越感

　B. 熔爐理論

　C. 特殊性

　D. 自我實現的預言能力

3. 來自世代貧窮的學生通常是……

　A. 聽覺型學習者

　B. 視覺型學習者

　C. 動覺型學習者

　D. 陳述型學習者

4. 學生認為他們在學校運氣不好，導因於來自貧窮家庭……

　A. 差異性

B. 控制信念

C. 自我效能

D. 自尊

5. 學生認為他們能成功是因為他們複製過去成功的經驗，落實了……

A. 聽覺形式

B. 控制信念

C. 自我效能

D. 外在動機

6. 告訴學生努力就會得到獎勵的教師，是使用……

A. 控制信念

B. 內在動機

C. 自我實現的預言能力

D. 外在動機

7. Marci 是南方高中的學生，曾經和她的朋友一起吸毒。雖然她曾被告知毒品會成癮，並可能導致危害身心的行為，但是 Marci 認為她不會那麼倒霉，Marci 正在實現的是……

A. 假想觀眾

B. 控制信念

C. 個人神話

D. 自我實現的預言能力

8. 一直生活在高壓力情境下的學生，時常經歷……

A. 假想觀眾

B. 自我實現的預言能力

C. 特殊性

D. 學習無助

9. 教師針對不同的種族進行不同形式教學，是實施……

　　A.脈絡化

　　B.種族優越感

　　C.多元論

　　D.間接教學

10. 英語學習者（ELLs）……

　　A.被認為是低社經地位

　　B.除了英語，說另一種語言作為主要的語言

　　C.在班上常是害羞的

　　D.有低落的內在學習動機

11. Raul 在摩爾中學的 Vasquez 老師數學課學習。Raul 因為不能掌握一些數學概念，正全力以赴的學習。Vasquez 老師已經增加圖表來協助像 Raul 這種學生能更成功的學習。Raul 可能是哪一種學習者？

　　A.動覺型

　　B.視覺型

　　C.聽覺型

　　D.雙重技巧

12. 下列哪一項通常拿來判別高風險學生？

　　A.低社經地位

　　B.英語初學者身分

　　C.先前的失敗者

　　D.種族

13. Marty 星期五到學校時，頭髮做了紅色的挑染（就像他兩位最好的朋友）。Marty 表現出……

　　A.個人神話

B. 自我效能

C. 假想觀眾

D. 自我實現的預言能力

14. 當學生達成我們所期望，稱為……

A. 假想觀眾

B. 自我實現的預言能力

C. 自我效能

D. 個人神話

15. 大部分在教室的學生是哪一種類型的學習者？

A. 聽覺型

B. 視覺型

C. 動覺型

D. 內在型

16. 個別差異的意義是……

A. 差異

B. 種族

C. 特殊性

D. 偏見

17. 遷至這個國家的人們，其信仰應該和我們相似，這是所謂的……

A. 特殊性

B. 種族優越感

C. 多元文化

D. 熔爐理論

18. 內在動機是藉由什麼激發……

A. 關聯性

B. 標籤

C. 情感

D. 人際關係

19. Kelvin Waters 在完成任務上有困難，哪一個主題的研究對他最有幫助？

A. 後設認知系統

B. 自我系統

C. 認知系統

D. 程序系統

20. 下列何者是教室氣氛的一部分？

A. 教室內的照明

B. 教室內緊張狀況

C. 班級氛圍方式

D. 學生的社經地位

字彙後測答案

1. B	6. D	11. B	16. A
2. D	7. C	12. A、B、C	17. D
3. B、C	8. D	13. C	18. A、C、D
4. B、C、D	9. A、C	14. B	19. A
5. C	10. B、C	15. B	20. A、B、C

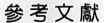
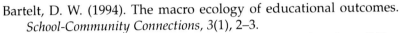

參考文獻

Bartelt, D. W. (1994). The macro ecology of educational outcomes. *School-Community Connections, 3*(1), 2–3.

Caine, R. N., & Caine, G. (1997). *Education on the edge of possibility.* Alexandria, VA: Association for Supervision and Curriculum Development.

Cotton, K. (1995). *Effective schooling practices. A research synthesis* [1995 update]. Retrieved May 31, 2003, from http://www.nwrel. org/scpd/esp/esp95toc.html.

Covey, S. R. (1989). *Seven habits of highly effective people.* New York: Simon & Schuster.

Cummings, C. (2000). *Winning strategies for classroom management.* Alexandria, VA: Association for Supervision and Curriculum Development.

Feuerstein, R. (1980). *Instrumental enrichment: An intervention program for cognitive modifiability.* Glenview, IL: Scott, Foresman.

Gibbs, J. (1994). *Tribes.* Santa Rosa, CA: Center Source.

Good, T. L., & Brophy, J. E. (1996). *Looking in classrooms* (3rd ed.). New York: Harper and Row.

Harrington, M. (1962). *The other America.* New York: Simon & Schuster.

Heller, K., Holtzman, W., & Messick, S. (1982). *Placing children in special education: A strategy for equity.* Washington, DC: National Academy of Science Press.

Henderson, N., & Milstein, M. (1996). *Resiliency in schools: Making it happen for students and educators.* Thousand Oaks, CA: Corwin Press.

Jensen, E. (1995). *The learning brain.* Del Mar, CA: The Brain Store.

Jensen, E. (1997). *Completing the puzzle: the brain-compatible approach to learning.* Del Mar, CA: The Brain Store.

Jensen, E. (1998). *Introduction to brain-compatible learning.* Del Mar, CA: The Brain Store.

Johnson, R. T., Johnson, D. W., & Holubec, E. J. (1987). *Structuring cooperative learning lesson plans for teachers.* Edina, MN: Interaction Book.

Johnson, R. T., Johnson, D. W., & Holubec, E. J. (1994). *Cooperative Learning in the classroom.* Alexandria, VA: Association for Supervision and Curriculum Development.

Kotulak, R. (1996). *Inside the brain.* Kansas City, MO: Andrews McMeel.

Louis, K. S., & Smith, B. (1996). Teacher engagement and real reform in urban schools. In B. Williams (Ed.), *Closing the achievement gap* (pp. 120–147). Alexandria, VA: Association for Supervision and Curriculum Development.

Marzano, R. J. (1998). *A theory based meta-analysis of research on instruction.* Aurora, CO: Mid-continent Regional Educational Laboratory.

Marzano, R. J. (2001). *Designing a new taxonomy of educational objectives.* Thousand Oaks, CA: Corwin Press.

Massey, M. (1979). *The people puzzle.* Reston, VA: Reston Publishing.

McCune, S. L., Stephens, D. E., & Lowe, M. E. (1999). *Barron's how to prepare for the ExCET* (2nd ed.). Hauppauge, NY: Barron's.

National Association of Secondary School Principals. (1996). *Breaking ranks: Changing an American institution.* Reston, VA: Author.

Payne, R. K. (2001) *A framework for understanding poverty.* Highlands, TX: Aha! Process.

Perry, B. D. (1995). *Children, youth, and violence: Searching for solutions.* New York: Guilford.

Sousa, D. (1995). *How the brain learns.* Reston, VA: National Association of Secondary School Principals.

Sprenger, M. (2002). *Becoming a wiz at brain-based teaching: How to make every year your best year.* Thousand Oaks, CA: Corwin Press.

Stratton, J. (1995). *How students have changed: A call to action for our children's future.* Arlington, VA: American Association of School Administrators.

Teachman, J. D., Paasch, K., Day, R., & Carver, K. (1997). Poverty during adolescence and subsequent educational attainment. In G. J. Duncan & J. Brooks-Gunn (Eds.), *Consequences of growing up poor* (p. 443). New York: Russell Sage.

Tileston, D. W. (2000). *Ten best teaching practices: How brain research, learning styles, and standards define teaching competencies.* Thousand Oaks, CA: Corwin Press.

Tileston, D. W. (2004a). *What every teacher should know about effective teaching strategies.* Thousand Oaks, CA: Corwin Press.

Tileston, D. W. (2004b). *What every teacher should know about student assessment.* Thousand Oaks, CA: Corwin Press.

Wang, M. C., & Kovach, J. A. (1996). Bridging the achievement gap in urban schools: Reducing educational segregation and advancing resilience-promoting strategies. In B. Williams (Ed.), *Closing the achievement gap* (pp. 10–36). Alexandria, VA: Association for Supervision and Curriculum and Development.

Whistler, N., & Williams, J. (1990). *Literature and cooperative learning: Pathway to literacy.* Sacramento, CA: Literature Co-Op.

Williams, B. (1996). A social vision for urban education: Focused, comprehensive, and integrated change. In B. Williams (Ed.), *Closing the achievement gap* (pp. 148–160). Alexandria, VA: Association for Supervision and Curriculum Development.

Yancey, W., & Saporito, S. (1994). *Urban schools and neighborhoods: A handbook for building an ecological database* [Research report]. Philadelphia: Office of Educational Research and Improvement, National Center on Education in the Inner Cities, Temple University Center for Research in Human Development and Education.

Zeichner, K. M. (1996). Educating teachers to close the achievement gap: Issues of pedagogy, knowledge, and teacher preparation. In B. Williams (Ed.), *Closing the achievement gap* (pp. 56–76). Alexandria, VA: Association for Supervision and Curriculum Development.

國家圖書館出版品預行編目（CIP）資料

所有教師都應該知道的事：教學計畫／Donna Walker
Tileston 作；高麗鳳譯.
--初版.-- 臺北市：心理，2011.08
面；　公分.--（教育現場系列；41137）
譯自：What every teacher should know about
diverse learners
ISBN 978-986-191-445-9（平裝）

1.多元文化教育　2.學習　3.個別差異

520　　　　　　　　　　　　　　　100011004

教育現場系列 41137

所有教師都應該知道的事：學習者的個別差異

作　　　者：Donna Walker Tileston

譯　　　者：高麗鳳

執行編輯：高碧嶸

總 編 輯：林敬堯

發 行 人：洪有義

出 版 者：心理出版社股份有限公司

地　　　址：231026 新北市新店區光明街 288 號 7 樓

電　　　話：(02) 29150566

傳　　　真：(02) 29152928

郵撥帳號：19293172　心理出版社股份有限公司

網　　　址：https://www.psy.com.tw

電子信箱：psychoco@ms15.hinet.net

排 版 者：辰皓國際出版製作有限公司

印 刷 者：昕皇企業有限公司

初版一刷：2011 年 8 月

初版四刷：2022 年 1 月

I S B N：978-986-191-445-9

定　　　價：新台幣 120 元